名师名校名校长

凝聚名师共识
回应名师关怀
打造名师品牌
培育名师群体

郑明通题

基于深度学习的初中数学教学设计

魏 炜 主编

北方联合出版传媒(集团)股份有限公司

万卷出版有限责任公司

ⓒ 魏 炜 2022

图书在版编目（CIP）数据

基于深度学习的初中数学教学设计 / 魏炜主编. —
沈阳：万卷出版有限责任公司，2022.10
ISBN 978-7-5470-5990-6

Ⅰ．①基… Ⅱ．①魏… Ⅲ．①中学数学课—教学设计
—初中 Ⅳ．①G633.602

中国版本图书馆CIP数据核字（2022）第076446号

出版发行：北方联合出版传媒（集团）股份有限公司
　　　　　万卷出版有限责任公司
　　　　　（地址：沈阳市和平区十一纬路29号　邮编：110003）
印 刷 者：北京政采印刷服务有限公司
经 销 者：全国新华书店
幅面尺寸：170mm×240mm
字　　数：290千字
印　　张：16.25
出版时间：2022年10月第1版
印刷时间：2022年10月第1次印刷
责任编辑：赵新楠
责任校对：刘　洋
装帧设计：言之凿
ISBN 978-7-5470-5990-6
定　　价：58.00元
联系电话：024-23284090
传　　真：024-23284448

编 委 会

序 言

PREFACE

为什么选择教师这一职业？1987 年 7 月高考结束后，学校组织学生填报高考志愿，我不假思索就填报了提前批——华中师范大学数学系。一方面受父亲影响，因为父亲是一名乡村民办教师，不少从村里走出去的大学生都曾经是父亲的学生。父亲为人正直，待人真诚，对有困难的学生总是想尽办法帮助，为村里培养输出了不少人才，改变了很多人的人生命运，因此深得邻里乡亲的尊敬。我的少年生活很多时候是在学校度过的，所以对学校感到特别亲切，对教师特别有感情。另一方面，20 世纪 80 年代农村已实行家庭联产承包责任制，由于父亲在学校任教，家里只有母亲一人做农活，还要供我们兄妹四人读书，家里经济相当紧张。当年师范院校每月会有一定的生活补贴，为了减轻家里的经济负担，我填报了师范院校，选择了教师这一职业。

怎样当好一名深受学生欢迎的教师？大学四年很快结束了，怀着梦想，我来到了改革开放的前沿阵地——珠海，高中时期的一名数学教师一直是我崇拜的对象、追赶的目标，他和蔼可亲，谈吐优雅，思维活跃，方法多样。走上工作岗位后，我真正懂得了，要想成为一名深受学生欢迎的数学教师，必须具备一名数学教师应有的品质：第一，语言风趣，感染力强；第二，思维活跃，专业功底厚实；第三，教法多样，驾驭课堂能力强；第四，善于教研，教学水平高超。

好课的标准是什么？早在 20 世纪初期，美国教育学家杜威创建的芝加哥大学实验学校在教学中采用了小组合作学习方式，取得了大面积提高教学质量、促进学生形成良好认知的实验效果；日本学者佐藤学提出真正的学习是一种对话式的实践，课堂教学的改革应具有三个要素，即活动作业、合作学习、分享表达；《新课程标准》中指出：动手实践、自主探索与合作交流是学生学习的重要方式。多年的课堂教学改革告诉我，一节好课的标准主要有三点：第一，

1

以学生为本。一节课的设计要从发展学生能力出发，以提高学生的核心素养为目的，只有以学生为中心，服务于学生的成长而设计，课才会有效。第二，以能力发展为目的。能力培养与素养的提高，已经成为数学教师与数学课堂的追求与向往，回想高中时期老师的课堂，真正让自己挥之不去的记忆是课的设计总会有我们思考的时间与空间，思考之后总会有新颖的解题方法让人惊喜，现在真正懂得了，思维的培养是课的灵魂，最重要的是要让学生有意想不到的收获，让学生在课堂上得到思维的放飞、生命的成长。可想而知，一节课上完，没有打动学生的东西，学生感觉不到有所收获，那么，数学课堂就会慢慢失去色彩，数学老师也就不再受欢迎。第三，师生共同成长。要做到师生共同成长，课的设计一定要有开放性、问题性，而且允许有生成性。所谓开放性，指问题的答案不唯一，师生随时准备接受合理的观点、多重挑战；所谓问题性，指设计的内容能使学生的思维状态由潜伏状态上升到活跃状态，调动学生学习的主动性与积极性；所谓生成性，它强调师生之间的互动，重视的是自主构建与动态过程，让学生在预设基础上，通过对话获得真正意义上的提升。

如何做好教学的预设？新的课程标准要求改变学生的学习方式，改变教师的教学方式，由原来学生被动接受的学习模式改变为学生主动学习、乐于学习的模式。因此，做好教学设计在教学环节中显得尤为重要，既要考虑课程标准、教材，又要根据学生的实际情况进行设计，让学生在课堂上深度参与学习。《基于深度学习的初中数学教学设计》中的教学设计案例，大部分由八个教学环节组成，包括引入、原理探究、例题分析、形成性练习、巩固性练习、综合性练习、课堂小结、检测反馈，每个环节根据教学目标与教材、学生特点设计，核心体现的是学生的深度学习，展示的是学生的学习能力，提升的是学生的学科素养，让学生感受的是学习的快乐。

要让学生喜欢老师、喜欢数学学习，实际上就是要培养学生的学习兴趣，调动学生学习的积极性与主动性。本书所选取的正是尊重学生个性，调动学生积极性，激发课堂活力的教学设计，学生始终处于一种积极的心态，一直是主动参与者。

经历了这次实践与探索，我又得到了一次新的体验、新的洗礼、新的成长。

魏炜

2021 年 8 月

目录
CONTENTS

第四章
"基于深度学习的初中数学教学设计"案例

第五章
"基于深度学习的初中数学教学设计"实践体会

第一章

"基于深度学习的初中数学教学设计"提出的背景和意义

第一节　历史地理文化

金湾区气候宜人，冬夏季风交替明显，终年气温较高，偶有阵寒，年、日温差小，属南亚热带与热带过渡型海洋性气候。

金湾区毗邻香港、澳门，境内有珠海高栏深水港、珠海机场，广珠铁路、机场高速、高栏港高速等均在区内汇集，构成海、陆、空立体交通网。

金湾区是珠海大学园区的重要组成部分，广东省科学技术职业学院、遵义医学院、吉林大学珠海学院、珠海城市职业技术学院和珠海艺术职业学院等5所高校落户该区。区政府全面落实十二年免费教育，兴建了5所按省一级学校标准建设的现代化的学校，改造撤并了25所农村"薄弱学校"，教育信息化水平走在全市前列。

金湾区红旗镇是广东省批准成立的268个中心镇之一，是金湾区主城区的重要组成部分，地处珠江出海口的鸡啼门与坭湾门之间的南海之滨，东与珠海市区相连、与澳门隔海相望，西接珠海港，南望国际海上航道大西水道，北倚中国经济最活跃的珠江三角洲腹地，水路距澳门11海里，距香港45海里，邻近珠海港、珠海机场，与粤西沿海高速公路、江珠高速公路及贯通全市的珠海大道相连，海、陆、空交通便利，地理位置十分优越。

红旗镇的前身是红旗农场，农场建场前是海岛和一片汪洋。1964年，中国人民解放军野战部队开进海岛，进行围海造田，建成白藤、灯笼沙生产基地，开始开发海岛的历史；1969年12月，在解放军生产基地基础上成立红旗农场；1973年10月，红旗农场由地方国营农场转为省属国营农场，隶属广东省农垦总局；1978年，该农场先后接收安置2 800多名越南难侨，改名为广东省红旗华侨农场，隶属广东省华侨农垦管理总局；1988年8月，广东省政府决定将红旗华侨农场移交给珠海市人民政府管理，即现在的珠海市红旗华侨农场；1990年1月，珠海市政府决定设立"红旗管理区"，赋予县一级经济管理权限，与红旗华侨农场实行两块牌子一套人员；1999 年 10 月，经广东省民政厅批准，撤销红旗管理区，设立红旗镇，负责管理原农场区域的社会行政事务，农场的生产经营由红旗投资控股公司负责，政企分开；2001 年 4 月，经国务院批准，珠海市金湾区人民政府成立，红旗镇划归金湾区管辖；2002 年 5 月，经省政府批准，红旗镇定为广东省中心镇。

第二节　课程传统文化

我国自 20 世纪 60 年代初以来，逐步形成了发展以计算能力、思维能力、空间想象能力等三大能力为代表的数学教学理念。三大能力，相互依存。把发展三大能力作为我国数学教学的主要目标，并且让学生的三大能力得到同步的发展，是新中国成立以来形成的数学教学传统之一。

1963 年《全日制中学数学教学大纲（草案）》首先提出了基础知识和三大能力。

1982 年《全日制重点中学数学教学大纲（征求意见稿）》开始注意知识、技能和能力的关系，它指出："学生的能力是通过知识、技能的掌握而形成和发展起来的，这些能力一经具备，又有助于学生更快地去获取和运用知识。"

1986 年《全日制中学数学教学大纲》正式把"双基"与"三力"并列，作为中学数学教学目标的核心内容。大纲指出在数学教学中抓"双基"的要领。该大纲认为"掌握知识、技能和培养能力是密不可分的"。

1986 年《全日制初级中学数学教学大纲》指出："能力是在知识的教学和技能的训练过程中，通过有意识的培养而得到发展的；同时，能力的提高又会加深知识的理解和技能的掌握。"可见上述大纲已经对"双基"与"三力"的关系做了进一步的阐述，并且指出了教师的教学工作在其中的地位。此外，在我国 1988 年、1992 年、1996 年、2000 年的初、高中教学大纲中，都分别表述了上述观点。

2000 年《九年义务教育全日制初级中学数学教学大纲（试用修订版）》在"教学内容的确定与安排"这部分中还指出："要处理好数学各部分内容之间的联系，特别是数与形的结合。"

由上述大纲可见，数形结合既被看成数学教学的理念，也被看成解决问题基本的思想方法，并应注意把数学思想方法的教学与辩证唯物主义观点的形成联系起来。

伴随着课程改革的深入，数学学习理念也发生了显著的变化，开始注重创新意识和探索能力的培养，提倡实验与探索，鼓励合作与交流。2000 年《全日制普通高级中学数学教学大纲》对于数学学习中的"创新意识"做了界定，它主要是指"对自然界和社会中的数学现象具有好奇心，不断追求新知，独立思考，会从数学的角度发现和提出问题，进行探索和研究"。2001 年，我国《全日制义务教育数学课程标准（实验稿）》对于学习理念与方法进一步做了较为全面的阐述，指出："学生的数学学习内容应当是现实的、有意义的、富有挑战性的，这些内容要有利于学生主动地进行观察、实验、猜测、验证、推理与交流等数学活动。""有效的数学学习活动不能单纯地依赖模仿与记忆，动手实践、自主探究与合作交流是学生学习数学的重要方式。"2003 年《普通高中数学课程标准（实验稿）》把"数学应用意识"作为高中数学课程标准的基本理念之一，并提出了加强数学应用和联系实际的途径："提供基本内容的实际背景，反映数学的应用价值，开展数学建模的学习活动。"

进入 21 世纪以来，我国开创了具有中国特色的数学教学之路新局面。所谓"特色"，特就特在"四基"教学上，特就特在数学核心素养培养上。

2011 年新修订的《义务教育数学课程标准》，要求学生能获得适应社会生活和进一步发展所必需的数学基本知识、基本技能、基本思想、基本活动经验，并提出"数学素养是现代社会每一个公民应该具备的基本素养"。

第三节　文献综述与国内外研究情况

国家课程标准提出，学生的学习活动应当是一个生动活泼的、主动的和富有个性的过程，课堂上应把时空还给学生，让学生成为学习的真正的主人。随着《中国学生发展核心素养》总体框架的发布和普通高中课程改革的深入，"发展核心素养"成了当前课程实施的关键词。为了适应新课程标准的要求，落实核心素养的培养，课堂教学也正在积极地发生变化。但由于对自主学习、合作学习、探究学习理解不深入，学生的学习更多地停留在浅层水平上，学生的核心素养没有得到有效发展。基于对这一问题的思考，笔者在教学实践中尝试开展了以学生发展数学核心素养为价值取向，基于深度学习的初中数学课堂教学设计研究。实践表明，该研究具有促进学生主动学习、改善学生课堂学习状况、提高学生课堂学习质量的现实意义。

一、文献综述

深度学习的概念源于人工神经网络的研究，西方国家从 20 世纪 60 年代起，就开始推动学科间的融合与重构，由科学、技术、工程、数学整合而成的 STEM 课程被美国政府当作国家战略高度重视，从幼儿园一直推广到大学。领先世界的芬兰教育宣布要开展旨在混科学习的教学改革，这一切都指向一个目标——核心素养。这是因为未来社会的不确定性和复杂性使得解决社会问题、创造社会价值都变得更为复杂，需要调度多角度、多学科的知识和多方面的能力。就学科内而言，强调知识要从概念到关系的建构；就学科间而言，倡导围绕一定的主题或项目、活动进行跨学科的主题、项目、议题等学习。因此，基于学科内和学科间的课程整合，就成为 21 世纪以来教育改革的重要趋势。

二、国内外研究情况

深度学习是美国学者 Ference 和 Roger Saljo 基于阅读的实验，针对浅层学习于 1976 年首次提出的关于学习层次的一个概念。2006 年,加拿大多伦多大学计算机系辛顿教授在《科学》上发表了《利用神经网络刻画数据》,开启了 21 世纪深度学习在学术界的浪潮。加拿大西盟菲莎大学艾根教授领衔"深度学习"研究项目,在全球形成了一定的影响。

我国对深度学习的研究起步较晚,上海师范大学黎加厚教授在 2005 年发表的《促进学生深度学习》一文中首次提出深度学习的概念。他认为,深度学习是指在理解的基础上,学习者批判性地学习新思想和新知识,将它们与原有的认知结构相融合,将众多思想相互关联,将已有的知识迁移到新的情境中去,做出决策并解决问题的学习。此后国内开展了一系列针对深度学习的相关学术研究,比较有代表性的如张浩、吴秀娟发表的《深度学习的内涵及认知理论基础探析》,提出了深度学习的几个特征,即注重批判理解、强调信息整合、促进知识建构、注重迁移运用、面向问题解决和提倡主动学习终身学习,其核心特征是高阶思维,发展高阶思维有助于促进深度学习,并指出了建构主义理论、情境认知理论、分布式认知理论及元认知理论对深度学习的理论指导意义。

我国新一轮课程改革提出了许多新理念和新追求,但由于教师对自主、合作、探究的原理与策略把握不准确,表现出来的还是一种浅层的学习。2014 年 9 月,教育部基础教育课程教材发展中心组织专家团队,在借鉴国外相关研究成果和总结我国课程教学改革经验的基础上,着手研究开发深度学习教学改进项目,将其作为发展学生核心素养的途径。本地区深度学习教学改进实验项目,遍及 15 个实验区的 90 所实验学校。历经 4 年,刘晓玫老师从初中数学深度学习的教学设计、实施策略、教学案例几个方面,将实验成果进行了初步总结。董静霞老师在《促进深度学习的初中数学教学策略研究》一文中指出,初中数学深度学习是指在数学教师的指导下,初中生围绕着挑战性学习主题,全身心积极参与、体验成功、获得发展的学习过程,实现深度学习需要准确获取学情、熟悉教材体系、改进教学方式、创设学习情境、注重知识迁移与整合的能力。湖北省兴山县教育培训研究中心的黄海涛老师在《基于初中数学深度学习解题教学策略探析与研究》一文中指出,传统的初中数学教学只传授基本的解题技巧,过于重视教师的主导地位,与学生缺乏有效的沟通交流,让学生对解题教学缺乏动态认知,导致学生只能机械地学习公式和解答套路,缺少正确的学习方法,对于知识的理解也只能流于表面,不能真正理解、构建系统的数学思维,禁锢了学生的发散思维能力、逻辑思维能力和联想能力。这种教学模式既不利于学生对数学知识的深入学习，也不利于学生的独立学习能力的构建。他还提出在解题教学过程中重视解题教学过程与方法、构建情景解题氛围、利用信息技术建立反馈机制、重视过程培养思维。陈柏良老师在《基于深度学习的数学课堂教学微设计》一文中指出，深度学习是有意义的学习，要求学生的学习不是单纯的接受，而是在发现基础上的同化；深度学习是理解性的学习，重在引导学生通过深切的体验和深入的思考，达成对学科本质和知识意义的渗透理解；深度学习是阶梯式的学习，要求学生的深度学习必须是促进式的、层次性的、阶梯式的。江苏省吴江区盛泽第一中学朱国松老师在《基于深度学习的初中数学教学策略》一文中指出，适应初中数学教学改革需要一种全新方法，通过初始学习与深度学习相结合，强化学习效果，锻炼学生思维，其主要策略是注重内容设计，构建网络体系，注重课堂追问，拓展思维纵深，注重多元评价，强化学习动机。

综上所述，深度学习既是一种理念，又是一种实践指导策略，它具有让学生在学习过程中掌握知识之间的联系与结构、提高思维能力、发展核心素养的特点。它起源于神经网络的研究，国外从 20 世纪 60 年代就涉入该项目研究，国内近年来也开发了深度学习研究项目，并已取得初步成果，但不管是在理论层面，还是在实践操作上都需不断丰富与发展。

第二章

"基于深度学习的初中数学教学设计"
理论依据与现实思考

第一节　深度学习的本质与特征

2021 年 3 月，笔者有幸聆听了首都师范大学数学科学学院王尚志教授的报告，王教授在报告中清楚阐述了深度学习的本质，深刻揭示了深度学习的特征。王教授认为，深度学习是指在教学中，学生在教师的引领下，积极参与、全身心投入、获得健康发展、有意义的主动学习过程。在这个过程中，学生在素养导向学习目标的引领下，聚焦引领性学习主题，展开挑战性学习活动，理解知识的本质，体验、掌握学科基本思想与方法，建构学科知识结构，理解并评判学习内容与过程，创造性地解决问题，形成积极的内在学习动机、高级的社会性情感和正确的价值观，成为既有扎实学识基础，又有独立思考能力、善于合作、有社会责任感、有创新精神和实践能力、能够创造美好未来的社会实践的主人。

深度学习的特征之一：活动与体验。这一特征强调学生作为主体的主动活动，让学习真正发生，从学生学习的角度来判定教学是否发生了。这要求教师要真正承认学生在教学中的主体地位，设计能够让学生全身心沉浸其中的学习活动，学生的学习是主动的，不是被动的。

深度学习的特征之二：联想与结构。这一特征强调数学学习不是孤立学习数学的概念、规则、模型、结论、方法、思想、应用，而是揭示它们之间的关联、结构，形成有机的体系，发展学生数学思维能力，提升数学核心素养。

深度学习的特征之三：本质与变式。这一特征强调教学要关注学科的基本思想和基本方法，强调教师要对教学内容进行转化，向学生提供具有典型意义的教学材料。要求学生能够抓住教学内容的本质属性去全面把握知识的内在联系，而不是简单地掌握孤立的知识点或记忆更多的事实性知识。

深度学习的特征之四：迁移与创造。这一特征强调教师要创造和创设适当的活动与机会，使学生能够实现知识的实践转化和综合应用，培养创新的意识，并在这样的活动中形成积极的社会性情感、态度与责任感。

深度学习的特征之五：价值与评判。这一特征强调教学正确的价值取向，关注教学的创造性和开放性。学生的价值立场与价值判断，对学习内容与学习过程的理解与反思，是深度学习教学目标的重要维度，是培养有社会责任感、有创新意识、有实践能力的人的重要活动路径。

第二节　深度学习的理论依据

基于深度学习的初中数学教学设计不同于学案与导学案。导学案教学模式在国内的研究和应用已经有十多年了，师生共用，任务驱动，对培养学生"四基"具有不可比拟的作用，这种教学模式顺应了素质教育和教学改革的新形势，符合培养新型人才的要求；而基于深度学习的初中数学教学设计更注重问题导向，强调学生素养的提升，符合培养复合型人才的要求。

一、哲学依据

唯物辩证法告诉我们，任何事物的发展都是内因和外因共同作用的结果，内因是事物发展的根据，外因是事物发展的条件，外因必须通过内因才能起作用。在导学过程中，教师属于外部条件，是外因，学生是学习的内因，教师的"教"必须通过学生的"学"才能发挥作用。如果学生没有学的愿望和动机，没有主动性和积极性，教师的"教"就会由于没有学生的"学"而失去作用。因此，在导学过程中，教师只起引导作用，而学生自我发起的学习是最持久、最深刻的个体行为。基于深度学习的初中数学教学设计的导学过程重原理的探究，重活动体验，能引发学生的态度、情感和意志。这些源于心理品质的个性特征参与学习活动，能激起学生的求知、创新欲望，挖掘学生的潜能，培养学生的创新能力。

二、心理学依据

心理学研究表明，高年级学生的观察能力已有了显著的提高，他们一般能根据学习目标进行预习，具备初步的预习能力，这就为我们采取"以导为主"实施导学提供了可靠的理论依据。心理学的研究还表明，初中学生的思维批判性、独立性还很不成熟，容易产生固执、偏激的不良倾向，与成人相比，他们对事物的分析、判断能力也没有达到成熟阶段。因此，这就需要教师在教学中引导学生，帮助学生克服思考中可能产生的缺点和偏向，教师给予适时、有力的指导，这为教师的导学提供了理论依据。

三、学习理论

著名教育心理学家布鲁纳的"发现学习"理论强调：学生的学习应是主动发现的过程，而不是被动地接受知识。在学习过程中，学生是学习的积极的探究者，教师的作用是创设适合学生学习探究的情境，而不是提供现成的知识。其主要特点是：

（1）教学是围绕一个问题情境展开，而不是围绕一个知识点展开。

（2）教学以学生发现活动为主，教师起引导作用。

（3）没有固定的组织形式，其最大优点是最大限度发挥学生在学习中的主体性与创造性。

四、教学理论

尝试教学理论认为，"学生有尝试的愿望，尝试能够成功，成功才能创新"。学生有原有的知识结构，又有对新知识的同化和顺应的思维属性，所以学生能尝试。同时，学生的尝试是在教师指导下的尝试，尝试的任务又是完成教材中的一定教学目标，而教材又是按照由浅入深、循序渐进的原则和方法编排的，所以学生具备成功的条件。

在尝试成功的条件下，学生能够充分发挥自己的潜能，达到意想不到的教学效果。基于深度学习的初中数学教学设计设置的原理探究、例题分析、形成性练习、巩固性练习、综合性练习、反馈总结等环节，为学生提供了充分尝试的机会。

五、教学最优化理论

衡量教学最优化有两条标准：一是教学效果的最优化；二是时间消耗的最优化，即"师生用于课堂教学和课外作业的时间又不超过所规定的标准"，"师生耗费合理的时间去取得这些成效"。基于深度学习的初中数学教学设计改变了课堂上教师垄断课堂的做法，充分体现了学生的主体地位。既要提高教学质量，使学生在知识与能力、过程与方法、情感态度与价值观等方面获得和谐发展，又要减轻学习负担，用合理的时间取得较大的成效。

六、建构主义理论

20 世纪 90 年代以来，随着心理学家对人类学习过程认知规律研究的不断深入，认知学习理论的一个重要分支——建构主义学习理论在西方逐渐流行。建构主义是学习理论中行为主义发展到认知主义以后的进一步发展，被誉为当代教育心理学中的一场革命。

建构主义指出，学习的实质是学习者积极主动地进行有意义建构的过程，即学习不是由教师把知识简单地传递给学生，而是由学生自己建构知识的过程。学习不是被动接受信息刺激，而是主动建构意义，是根据自己的经验背景，对外部信息主动地选择、加工和处理，从而获得自己的意义。因此，教师要成为学生建构意义的帮助者，激发学生的学习兴趣，帮助学生形成学习动机，通过创设符合教学内容要求的情境，帮助学生建构当前所学知识的意义。由于建构主义所倡导的观点适应了当代教育改革的要求，这就使建构主义理论逐渐与广大教师的教学实践普遍地结合起来，从而成为教学改革的指导思想。

七、人本主义理论

人本主义理论是 20 世纪 60 年代兴起的一个心理学流派，主要代表人物有马斯洛、罗杰斯等。人本主义理论强调学习过程中人的因素，把学习者视为学习活动的主体，重视学习者的意愿、情感、需要和价值观。

八、认知结构迁移理论

认知结构迁移理论是奥苏贝尔根据他的有意义言语学习理论发展而来的，奥苏贝尔对认知结构及影响迁移的主要变量，以及如何操纵认知结构变量来影响新的学习这一问题进行长期的理论与实践方面的研究。在他看来，一切新的有意义学习都是在原有的学习基础上所产生的，不受学习者原有认知结构影响的有意义的学习是不存在的，也就是说，一切有意义的学习必然包括迁移，而学习者原有认知结构的特征则始终是影响新的学习与保持的关键因素。

什么是认知结构呢？简单来说，它就是学生头脑中的知识结构。奥苏贝尔提出了三个主要的影响有意义学习和迁移的认知结构变量：可利用性、可辨别性和稳定性。在认知结构中是否有适当的起固定作用的观念可以利用，这是影响迁移的第一个重要的认知结构变量。新的学习任务与原有观念系统可以辨别的程度，是影响有意义学习和迁移的第二个重要的认知结构变量。如果新的学习任务不能与认知结构中原有的观念清晰地分辨开，则新的意义很可能会被原有的稳定意义所替代，从而表现出遗忘。原有的起固定作用观念的稳定性和清晰性，是影响有意义学习与长久保持的第三个重要的认知结构变量。如果起固定作用的观念不稳定且模糊不清，那么不能为新的学习提供适当的关系和有力的固定点。

第三节　深度学习的现实思考

　　珠海金湾区属于经济发达的沿海地区，地处城乡接合部，笔者所在学校地处红旗镇，生源较为复杂，从学生的学习习惯来看，有些习惯需进一步培养，学生的学习成绩也有很大的提升空间。究竟是什么原因造成了这种现状？国内外教学研究统计资料表明，对于绝大多数学生来说，学习能力的好坏，20%与智力因素相关，80%与非智力因素相关，习惯又占有重要位置。笔者出于如何培养特殊地区学生良好学习习惯的目的，做了一次调查研究，以求寻找答案。

一、调查问卷

　　亲爱的同学，学习习惯直接影响着你的学习效果，为了更好地了解你的情况，帮助你提高学习效率，我们采取无记名方式，请你如实回答下列问题。谢谢你的支持与配合！

　　1. 上课前，你的预习情况是（　　　）

　　A. 经常预习　　　　　　　　　　B．有时预习

　　C. 很少预习

　　2. 上课时，你的注意力集中吗？（　　　）

　　A. 非常集中　　　　　　　　　　B. 有时开小差

　　C. 经常开小差

　　3. 上课时，你的答问情况是（　　　）

　　A. 积极举手答问　　　　　　　　B. 老师叫，才答问

　　C. 很少

　　4. 你听课时做笔记情况是（　　　）

　　A. 常做笔记　　　　　　　　　　B. 有时做笔记

　　C. 没有做笔记的习惯

5. 上课时，你向老师或同学提问的情况是（　　　）

A. 经常提问　　　　　　　　　　　B. 有时会提问

C. 很少提问或者没提问

6. 晚上回家后做作业的情况是（　　　）

A. 先复习，再做作业　　　　　　　B. 边复习，边做作业

C. 先做作业，后复习

7. 你做作业遇到难题时的态度是（　　　）

A. 先独立思考，争取完成　　　　　B. 等第二天请教别人后再完成

C. 干脆不理，或者抄别人的

8. 你对做错的题的态度是（　　　）

A. 先分析错的原因，再改正　　　　B. 会做了，改正即可

C. 很少改正

9. 学习一个单元之后，你反思小结的情况是（　　　）

A. 经常反思小结　　　　　　　　　B. 有时会反思小结

C. 很少反思小结

10. 你利用校外的时间情况是（　　　）

A. 经常看电视或上网　　　　　　　B. 有时看电视或上网

C. 完成学习任务后会适当地看电视或上网

11. 你父母的文化程度情况（选择父母其中一人即可）是（　　　）

A. 高中以上　　　　　　　　　　　B. 高中

C. 初中或初中以下

12. 老师平时对学习习惯要求的情况是（　　　）

A. 非常严格　　　　　　　　　　　B. 一般

C. 很少要求

13. 家里的学习环境如何（　　　）

A. 非常好　　　　　　　　　　　　B. 一般

C. 很差

中学生学习习惯调查问卷统计结果如表 2 - 3 - 1 所示。

表 2 - 3 - 1

题号	1			2			3			4			5		
选项	A	B	C	A	B	C	A	B	C	A	B	C	A	B	C
百分率	17.6	59.9	22.5	19.2	71.2	9.6	15.1	65.6	19.3	54.3	38.5	7.2	16.2	55.7	28.1
题号	6			7			8			9			10		
选项	A	B	C	A	B	C	A	B	C	A	B	C	A	B	C
百分率	24.4	46.2	29.4	50.2	39.7	10.1	40.1	49.3	10.6	16.1	48.9	35.0	12.2	33.3	54.5
题号	11			12			13			14			15		
选项	A	B	C	A	B	C	A	B	C	A	B	C	A	B	C
百分率	15.2	35.3	49.5	42.2	49.4	8.4	21.7	67.6	10.7						

二、调查结果分析

本次调查样本来自三灶中学、红旗中学、金海岸中学，发放问卷 1500 份，收回有效问卷 1445 份，其调查结果如下：

1. 学生课前预习习惯较差

课前经常预习的学生占 17.6%，有时预习的学生占 59.9%，很少预习的学生占 22.5%。预习是学习的一个重要环节，做好了预习准备，能在课上更好地把握重点、难点，使听课更具有针对性。预习习惯的养成需要有一个过程，重要的是从低年级开始，贵在坚持。

2. 学生上课注意力集中情况不理想

上课注意力非常集中的学生占 19.2%，有时开小差的学生占 71.2%，经常开小差的学生占 9.6%。开小差的现象十分严重。心理研究表明，课堂上学生注意力高度集中的时间为 20 分钟左右，作为教师要充分遵遁这一规律，课堂上要安排好重难点内容的学习时间，运用教学艺术调控学生的学习积极性，吸引学生的注意力。

3. 学生上课学习主动性不强

课堂上，能主动回答问题的学生占 15.1%，被动回答问题的学生占 65.6%，很少或没有提问的学生占 19.3 %。这说明一方面学生发现问题的能力欠缺，另一方面教师调动学生学习积极性与主动性的教学方法有待加强。

4. 学生课堂做笔记的情况总体较好

课堂上，能经常做笔记的学生占54.3%，有时做笔记的学生占38.5%。笔记是知识与方法的浓缩，值得欣慰的是大部分学生已经认识到了笔记的重要性。

5. 能够复习的情况较好

问题6反映的是学生做作业复习的情况，有复习习惯的学生占70.6%，说明学生已认识到复习的重要性，并且基本养成了复习的习惯，只是方法不同而已。

6. 学生作业习惯一般

在做作业之前，复习课本和笔记，是巩固知识的有效手段，但能这样做的学生只占24.4%。边复习、边做作业的学生虽然占46.2%，但其效果不如先复习的。遗憾的是不复习的学生占29.4%。

7. 作业完成情况较好

在做作业时，遇到不会做的题的态度，绝大部分学生表现不错。其中，先思考，争取独立完成的学生占50.2%；请教别人再完成的学生占39.7%；只有10.1%的学生会置之不理，或者抄袭别人的。

8. 纠错态度较好

对待做错题的态度，能坚持改正的学生占89.4%，其中能分析原因的学生占40.1%，没有改正习惯的学生只占10.6%。

9. 反思小结环节要加强

学习后能经常反思的学生只占16.1%，而不加以反思小结的学生却占35.0%。这说明学生没有认识到反思的重要性，或者根本不知道反思总结什么，缺少方法。

10. 课外时间利用不合理

问题10反映学生课外时间是否合理安排，其情况不尽如人意。12.2%的学生沉迷于网络之中，生活在虚幻的世界里，只有54.5%的学生能把学习放在第一位，然后通过电视网络做适当调整。

11. 父母文化程度有待提高

问题11反映的是父母文化程度对子女学习习惯的影响，出乎意料的是高中文化程度以上的父母只占15.2%，而初中或初中文化程度以下的父母却占了49.5%。

12. 少数教师职责不明确

老师平时能对学生学习习惯做要求的虽然占91.6%，但不做要求的老师依然有8.4%。培养学生学习习惯是教师的基本职责，这暴露出我们有少数教师忽视了对学生学习习惯的培养。

13. 家庭学习环境有待改善

学生家庭学习环境很好的占 21.7%，而很差的也占了 10.7%，这说明家庭学习环境有待改善。而且很差的家庭学习环境将直接影响学生良好学习习惯的形成，导致学困生的形成。

三、几点思考

1. 加强对良好学习习惯养成教育的认识

中国近代教育家、北京大学校长蔡元培认为教育就是培养学生的良好习惯。现代教育家叶圣陶先生曾说："什么是教育？简单一句话，就是要养成良好习惯。"良好学习习惯有利于学生形成良好的学习行为，有利于提高学生的学习效率，有利于促进学生的终身发展。因此，作为一个基础教育工作者要充分认识良好学习习惯对学生的影响，把良好学习习惯的养成教育寓于平时的教育教学工作之中，不仅对学生的现在负责，更要对学生的将来负责。

2. 加强对学生良好学习习惯的规范训练

"冰冻三尺，非一日之寒。"良好学习习惯的养成需要经过反复练习、多次规范训练而形成，教师在学生学习的六个环节（预习—上课—复习—作业—考试—小结），都要提出明确要求，具体指导，严格训练，并持之以恒。

3. 科任教师齐抓共管

学生良好学习习惯的养成，不仅仅是班主任或某几个学科教师的事，它需要所有教师相互配合，统一认识，齐抓共管。因此，各学科教师要加强沟通交流，增强责任感。

4. 家校配合

学生的学习时间一部分在学校，一部分在家里，因此学生学习习惯的养成，离不开家长教育与家庭环境的营造。家庭教育是整个社会教育的重要组成部分，在人的身心发展过程中所起的重要作用是学校教育和社会教育所不能替代的。一方面，家长应加强学习，提高自身素质；另一方面，家长应关心学生的学习情况，并对学生的学习严格要求，在家里创造一个好的学习环境，提供好的学习条件，这将有助于学生良好学习习惯的养成。

第三章

"基于深度学习的初中数学教学设计"框架与策略

第一节 "基于深度学习的初中数学教学设计"框架

一、数学四基、数学四能、数学素养与深度学习的关系

数学四基，指基础知识、基本技能、基本思想、基本活动经验；数学四能，指发现问题、提出问题、分析问题、解决问题的能力；数学素养，指学生应具备的适应终身发展和社会发展需要的必备品格和关键能力，包括两类基本要素，一是数学必备品格，二是数学关键能力。数学必备品格指的是在数学学习中所必备的情感、态度与价值观，数学关键能力是指数学抽象概括能力、逻辑推理能力、数学建模能力、数学运算能力、直观想象能力、数据分析能力。

数学四基是数学能力形成的基础，它以数学教材为载体。数学能力是在数学学科发展中长期积淀形成的，它脱离不了具体的数学知识。数学素养是在数学四基与数学能力的基础之上发展与提高，通过基于深度学习的数学活动形成的。因此，深度学习是学习数学知识、形成数学能力、发展数学素养的途径，它们之间的关系模型如图 3－1－1 所示。

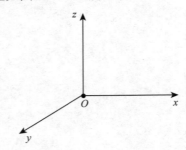

x轴表示数学四基，y轴表示数学四能，z轴表示数学素养，
原点O表示深度学习

图 3－1－1

二、基于深度学习的教学设计框架

教学设计框架如表 3 – 1 – 1 所示。

表 3 – 1 – 1

课题名称：（×课时或第×课时）	
执笔人：	审核人：
一、学习目标 　　三维目标	
二、教学重点、难点	
三、教学方法	
四、教学过程 1. 引入 复习旧知，为新课做铺垫。 2. 原理及探索 通过追问形式，让学生学习掌握概念原理。 3. 例题分析 通过设置一些问题引导学生用新的知识原理对课本例题的解答进行分析。 4. 形成性练习 设计简单应用，加深对概念原理、基础知识的理解。 5. 巩固性练习 设置易错点辨析题，让学生掌握巩固。 6. 综合练习 设计综合性题，达到数学思想与方法、知识在不同情境下的迁移运用。 7. 反馈小结及教学反思 小结本节课的学习内容，反馈本节课学习情况，反思本节课的得与失。	

1. 引入环节

平时的教学环节，教师更多的是为了引入新的课题，缺少对知识整体联系的把握，没有形成知识链与知识网。采用复习引入可以使学生加强新旧知识的联系，克服知识零碎、孤立的浅层学习弊端，在引入环节就可以体现深度学习。

2. 原理探究环节

平时的教学，教师总是习惯于讲授为主，得出结论，缺乏对知识的探索与活动经验的积累，因此，通过设置问题，采用追问形式，遵循布鲁姆的教学目标认知规律，按创造—评价—分析—应用—理解—记忆的顺序，由高阶到低阶排列，体现深度学习的思维特征。

教学目标认知规律如图 3 – 1 – 2 所示。

图 3 – 1 – 2

3. 例题教学环节

教师重视的不仅是例题的示范功能，更是通过合作学习，挖掘例题的潜在价值，引导学生用新的知识原理对课本例题进行分析，对不同的方法进行比较评价，再一次体现思维从创造性到分析评价的由高阶到低阶的特点，促进学生的深度学习。

4. 形成性练习

设置难度不大的一定量的练习题，达到让学生理解与掌握知识的目标。

5. 巩固性练习

确定知识的易错点，设置易错点的判断题、辨析题，克服应用过程中容易混淆的知识性问题，克服机械的记忆操作，让学生在尝试错误中掌握巩固，达到培养学生思维的批判性的目标。

6. 综合性练习

综合性练习不是加大练习的难度，不应给学生增加学习困难；综合性练习不是给学生补充课外知识点，不应给学生增加学习负担。综合性练习是数学思想与方法、知识在不同情境下的迁移运用，是数学能力的提高，是数学思想的提炼，是数学素养的提升。

7. 反馈小结

平时的小结，教师总是习惯于提问"这节课你学到了什么？""你有什么收获？"等，达不到让知识系统化、网络化的目的。这一环节总结归纳，运用五分钟小测进行学习反馈，是促进学生深度学习的有效方法。

《一元二次方程的解法——公式法》引入、练习环节案例

一、复习引入

1. 用配方法解方程 $6x^2 - 7x + 1 = 0$，并归纳配方法解方程的步骤．

2. 总结用配方法解一元二次方程的步骤（学生总结，老师点评）．

（1）化二次项系数为 1；

（2）方程左边都加上、减去一次项系数的一半的平方；

（3）原方程变形为 $(x + m)^2 = n$ 的形式；

（4）如果右边是非负数，就可以直接开平方求出方程的解；如果右边是负数，则一元二次方程无解．

3. 如果这个一元二次方程是一般形式 $ax^2 + bx + c = 0$（$a \neq 0$），你能否用上面配方法的步骤求出它们的两根，请同学们独立完成这个问题．

二、练习设计

（一）形成性练习

1. 已知方程 $6x^2 - 7x + 1 = 0$.

（1）写出方程的二次项系数数 $a = \underline{\quad}$，一次项系数 $b = \underline{\quad}$，常用数项 $c = \underline{\quad}$．

（2）求出 $b^2 - 4ac$，并判断根的情况．

（3）方程若有根，根据公式求出方程的根．

2. 方程 $ax^2 + bx + c = 0$（$a \neq 0$），当 $b^2 - 4ac \geq 0$ 时，下列根的表达形式哪些是正确的？

（1）$x = \dfrac{-b \pm \sqrt{b^2 - 4ac}}{2a}$ （2）$\dfrac{1}{2}$

（3）2^3 （4）$(-2)^3$

（二）巩固性练习

用公式法解下列方程．

（1）$2x^2 - 4x - 1 = 0$ （2）$5x + 2 = 3x^2$

（3）$(x - 2)(3x - 5) = 0$ （4）$4x^2 - 3x + 1 = 0$

（三）综合性练习

1. 当 x 为何值时，代数式 $x^2 - 8x + 12$ 的值是 -4？

2. 关于 x 的一元二次方程 $mx^2 - (3m-1)x + 2m - 1 = 0$，其根的判别式为 1，求 m 的值及该方程的根．

3. 已知 m 为非负整数，且关于 x 的方程 $(m-2)x^2 - (2m-3)x + m + 2 = 0$ 有两个实数根，求 m 的值．

《平行四边形的判定》引入、练习环节案例

一、复习引入

1. 平行四边形定义是什么？

2. 平行四边形性质是什么？

二、练习设计

（一）形成性练习

1. 判断题

（1）相邻的两个角都互补的四边形是平行四边形． （   ）

（2）两组对角分别相等的四边形是平行四边形． （   ）

（3）一组对边平行，另一组对边相等的四边形是平行四边形． （   ）

（4）一组对边平行且相等的四边形是平行四边形． （   ）

（5）对角线相等的四边形是平行四边形． （   ）

（6）对角线互相平分的四边形是平行四边形． （   ）

2. 如图 3-1-3，在下列给出的条件中，能判定四边形 $ABCD$ 为平行四边形的是（   ）

A. $AB//CD$，$AD = BC$

B. $\angle A = \angle B$，$\angle C = \angle D$

C. $AB = CD$，$AD = BC$

D. $AB = AD$，$CB = CD$

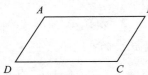

图 3-1-3

（二）巩固性练习

1. 如图 3-1-4，在四边形 $ABCD$ 中，AC，BD 相交于点 O．

（1）若 $AD = 8$ cm，$AB = 4$ cm，那么当 $BC = \underline{\quad\quad}$ cm，$CD = \underline{\quad\quad}$ cm 时，四边形 $ABCD$ 为平行四边形．

（2）若 $AC = 10$ cm，$BD = 8$ cm，那么当 $AO = $ _____ cm，$DO = $ _____ cm 时，四边形 $ABCD$ 为平行四边形．

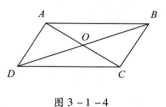

图 3 − 1 − 4

2．如图 3 − 1 − 5，$\square ABCD$ 的对角线 AC 与 BD 交于点 O，且 E，F，G，H 分别是 AO，BO，CO，DO 的中点，求证：四边形 $EFGH$ 是平行四边形（多种方法）．

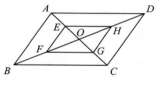

图 3 − 1 − 5

（三）综合性练习

1．已知：如图 3 − 1 − 6，在 $\square ABCD$ 中，AE，CF 分别是 $\angle DAB$ 和 $\angle BCD$ 的平分线．

求证：四边形 $AFCE$ 是平行四边形．

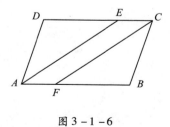

图 3 − 1 − 6

2. 已知：如图 3－1－7，□ABCD 中，点 E，F 分别在 CD 和 AB 上，DF//
BE，EF 交 BD 于点 O. 求证：EO = OF.

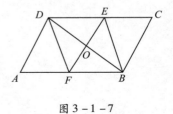

图 3－1－7

3. 在四边形 ABCD 中，（1）AB//CD；（2）AD//BC；（3）AD = BC；
（4）AO = OC；（5）DO = BO；（6）AB = CD. 选择两个条件，能判定四边形 AB-
CD 是平行四边形的共有_____对.

第二节 "基于深度学习的初中数学教学设计"策略

2014 年，教育部开发深度学习教学改进项目，将其作为发展学生核心素养的途径。但在实际的课堂教学中，教师对自主、合作、探究的原理理解不深刻、策略把握不准确，表现出来的还是一种浅层的学习，严重影响了学生数学能力的提高、数学核心素养的发展。在教学实践中尝试开展以发展学生核心素养为目标，基于深度学习的初中数学教学设计应遵循以下策略。

一、将《义务教育数学课程标准（2011 年版）》作为深度学习的指南

《义务教育数学课程标准（2011 年版）》是数学教育改革的方向，是数学课堂教学的行动指南。数学课程致力于实现义务教育阶段的培养目标，面向全体学生，适应学生个性发展的需要，课程内容反映了社会的需要、数学的特点，符合学生的认知规律。教学活动是师生积极参与、交往互动、共同发展的过程，评价既要关注学生学习的结果，也要重视学习的过程，既要关注学生数学学习的水平，也要重视学生在数学活动中所表现出来的情感与态度，帮助学生认识自我、建立信心。因此，《义务教育数学课程标准（2011 年版）》应该作为深度学习的行动指南。

二、教材内容作为深度学习的载体

教材是经过一定调查研究，广泛征求意见，集中了许多学者的专业智慧，吸收了众多一线优秀教师的实践经验编制而成的。它的内容不仅来源于实践，贴近生活实际，而且遵循学生身心发展规律，在知识体系与结构上具有科学性。它既是科学文化知识的传承与发展，又是学生学习能力与创新能力培养的重要

载体。如人民教育出版社九年级数学上册第二十五章《概率初步》，用列举法求概率。

例 同时抛掷两枚质地均匀的骰子，计算下列事件的概率：

（1）两枚骰子的点数相同；

（2）两枚骰子点数的和是 9；

（3）至少有一枚骰子的点数为 2.

这一道例题本身要求学生进一步理解随机事件的意义，通过对随机事件出现可能结果的列举，探索列举的新方法——列表法，培养了学生创新探索的能力。如果规则将"同时抛掷两枚质地均匀的骰子"修改为"先后两次抛掷一枚质地均匀的骰子"，结果会是一样吗？让学生继续思考，有助于学生概率模型的形成。

三、将具有思维含量的问题作为深度学习的支点

深度学习的目的是落实核心素养、培养学生的思维能力。思维能力的品质包括思维的深刻性、批判性、敏捷性、广阔性等，在教学中设计具有思维含量的问题，将成为深度学习的有力支点。

如：

下列方程的解法是否正确？请写出正确解法。

$x(x+1) = 3x+3$

$x(x+1) = 3(x+1)$

$x = 3$

解：上述解法不正确。

正确解法：$(x-3)(x+1) = 0$，

$\qquad\qquad x-3 = 0$，或 $x+1 = 0$，

$\qquad\qquad x_1 = 3$ 或 $x_2 = -1$

此题旨在掌握因式分解法解一元二次方程的方法，但设计的形式不是简单地解方程，而是给出一种学生经常容易出现错误的解法，让学生通过辨别解法的正确性，分析错误的原因，培养思维的批判性、深刻性，同时学生可以有多种正确解法，比较解法优劣，选择速度快、准确性高的因式分解法，有利于培养学生思维的敏捷性、广阔性。

四、将课堂活动作为深度学习的实现途径

新课程标准倡导自主学习、合作学习、探究学习，期待学生在自我管理、自我导向、自我监督下开展高质量的自我学习；期待学习小组成员有明确分工、明确任务，在教师指导下开展合作学习；期待学生在科学研究的情境下开展研究性的学习，在课堂上开展学习活动将是深度学习实施的重要途径。例如，学习"三角形中位线"这一内容，在学习三角形中位线定义环节，设计中位线与中线比较的学习活动；在学习三角形中位线定理的环节，设计多种方法证明定理的探究活动；在定理的应用环节，设计如何测量池塘宽度的实践活动。通过活动的设计，真正实现深度学习，达到培养学生合作交流能力、分析问题解决问题能力、探究创新能力的目的。

总之，在课堂教学中融入新的课程理念，结合教材、结合学生实际，设计具有一定思维含量的问题，创设让学生积极探索的活动，实现深度学习，达到理解掌握知识、培养学生能力、发展学生核心素养的目的。

第四章

"基于深度学习的初中数学教学设计"案例

第一节　数与代数

案例 1 《1.5.1　有理数的乘方》教学设计

珠海市拱北中学　谢伟东

一、教材分析

本节课从小学学过的一个数的平方与立方出发，通过折纸活动，引出乘方的概念，再结合有理数的乘法运算，介绍了有理数乘方运算的方法及有理数乘方运算的符号法则，并确定幂、底数、指数的概念意义。

二、教学目标

1. 知识与能力

（1）让学生在探究过程中理解有理数乘方的意义。

（2）使学生掌握有理数乘方的运算。

2. 过程与方法

（1）初步渗透转化思想。

（2）在探究过程中培养学生观察、分析、比较、归纳、概括的能力。

3. 情感、态度与价值观

（1）让学生经历数学活动，体验主动探究问题的乐趣与成功的快乐，从而培养学生勤思、认真和勇于探究的精神。

（2）感受乘方符号的简洁美。

三、教学重点难点

1. 教学重点

正确理解乘方的意义，掌握乘方运算法则，能进行有理数的乘方运算。

2. 教学难点

有理数的乘方运算的符号法则，乘方和幂的区别。

四、学情分析

本节课内容是在小学所学正数范围的基础上扩充到有理数的范围，本身具有一定难度，班级学生的智力水平参差不齐，基础和发展均不平衡。经过一段时间，学生基本上适应了以学习小组方式参与探究活动的学习方法，不同程度地享受到了数学知识来源于实践操作的成功体验，从而愿意在教师的指导下主动与同学探索、发现、归纳数学的知识。

五、教学准备

一张长方形的纸，课件。

六、教学过程

（一）课堂引入

首先讲述"棋盘"的故事：古时候，在一个王国里，有一位聪明的大臣发明了国际象棋，并献给了国王，国王从此迷上了下棋。为了对聪明的大臣表示感谢，国王答应满足这位大臣的一个要求。大臣推托不过，便说："那就请在棋盘上放一些米粒吧。"国王听了，心想：这个要求太简单了，便随口就答应道："好，没问题。"于是，大臣接着说："请在第 1 格放 1 粒米，第 2 格放 2 粒米，第 3 格放 4 粒米，然后是 8 粒，16 粒，32 粒……一直到 64 格。""你真是大傻瓜！就要这么一点儿米粒?"国王哈哈大笑起来！大臣见状却一本正经地说："就怕您的国库里没有这么多米!"同学们，请猜国王的国库里到底有没有这么多的米呢？要想揭晓谜底，就让我们一起走进今天的课堂学习。

【设计意图】把课讲得生动形象、深入浅出，始终是衡量教师教学艺术水平的标准之一。而采取寓意深刻又幽默轻松的故事导入，学生在素材中自己发现问题，提出疑问，放飞思绪，切身体会数学中的奥妙。

（二）原理探究

师：首先，请同学们拿出一张长方形的纸，根据老师所出示的问题进行对折。

问题：

对折 1 次有几层？　　2　　　　2　　　　　　　2^1

对折 2 次有几层？　　4　　　　2×2　　　　2^2

对折 3 次有几层？　　8　　　　$2 \times 2 \times 2$　　　2^3

对折 4 次有几层？　　16　　　$2 \times 2 \times 2 \times 2$　　2^4

　　　　　　　　　……

【设计意图】让学生亲自动手，切实感受，寻求规律。鼓励学生相互交流，合作学习，积极探索，寻求答案。

接着，请同学们猜想：对折 10 次有几层？对折 n 次有几层？

学生活动：互相探讨，得出结论。

教师归纳并板书：$\underbrace{a \times a \times a \times \cdots \times a}_{n \text{ 个}} = a^n$，读作：$a$ 的 n 次方。

师：在小学，对于 a，我们只能取正数，进入中学以后我们学习了有理数，那么它还可以取 0 和负数。例如：$0 \times 0 \times 0$ 记作 0^3，$(-2) \times (-2) \times (-2) \times (-2)$ 记作 $(-2)^4$。也就是说，a 可以取任意有理数。这就是我们今天研究的课题：有理数的乘方。（板书）

【设计意图】教师不是平白地给出知识、再现课本，而是以课本为载体、为素材，启发学生思维的迁移。教育家苏霍姆林斯基说过："儿童的智慧来源于灵巧的手指尖。"我们教师应创造更多的机会，让学生多实践，多动手操作，不要怕浪费时间。请相信学生，往往教师给学生一次机会，学生带给你的不仅仅是一次惊喜。

（三）例题分析

定义： 求 n 个相同因数的积的运算，叫作乘方；乘方的结果叫作幂。

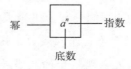

一般来说：在 a^n 中，a 取任意有理数，n 取正整数。注意：乘方是一种运

算，幂是乘方运算的结果，因而，如果把 a^n 看作 n 次方的结果，也可以读作"a 的 n 次幂"。

例 1 在 9^4 中，底数是_____，指数是_____，9^4 读作_____或_____.

例 2 计算：

(1) $(-2)^3$ 　　(2) $(-2)^4$ 　　(3) $2 \times (-3)^3 - 4 \times (-3) + 15$

根据有理数的乘法法则可以得出：负数的奇次幂是负数，负数的偶次幂是正数。正数的任何次幂都是正数，0 的任何正整数次幂都是0。

做有理数的混合运算时，应注意以下运算顺序：

(1) 先乘方，再乘除，最后加减；

(2) 同级运算，从左到右进行；

(3) 如有括号，先做括号内的运算，按小括号、中括号、大括号依次进行。

【设计意图】为新旧知识架起桥梁，沟通知识间的内在联系，能够帮助学生建立起完整的知识结构。学生运用知识解题时，思路就会清晰明了。

（四）形成性练习

1. (1) 在 $(-2)^4$ 中，-2 是_____，4 是_____，　$(-2)^4$ 读作_____或读作_____；

(2) 在 -2^4 中，底数是_____，指数是_____，-2^4 读作_____；

(3) 5 底数是_____，指数是_____.

2. 计算：

(1) 8^3 　　(2) $(-4)^3$ 　　(3) -5^4 　　(4) $\left(-\dfrac{2}{3}\right)^3$

【设计意图】本环节设计的题目难度较小，适合全部学生，旨在让学生对基础概念加以理解和熟悉基本运算。

（五）巩固性练习

计算：

(1) $(-1)^{10} \times 2 + (-2)^3 \div 4$ (2) $(-5)^3 - 3 \times \left(-\dfrac{1}{2}\right)^4$

【设计意图】 难度加大，让学生加深对有理数混合运算的理解。

（六）综合性练习

1. 计算：

(1) $\dfrac{11}{5} \times \left(\dfrac{1}{3} - \dfrac{1}{2}\right) \times \dfrac{3}{11} \div \dfrac{5}{4}$

(2) $(-10)^4 + \left[(-4)^2 - (3 + 3^2) \times 2\right]$

2. 观察下面三行数：

$-2, \ 4, \ -8, \ 16, \ -32, \ 64, \ \cdots$

$0, \ 6, \ -6, \ 18, \ -30, \ 66, \ \cdots$

$-1, \ 2, \ -4, \ 8, \ -16, \ 32, \ \cdots$

（1）第一行数按什么规律排列？

（2）第二、第三行数与第一行数分别有什么关系？

（3）取每行数的第 10 个数，计算这三个数的和。

【设计意图】 综合性题目，覆盖本节课的所有考点，使学生从浅层学习到深度学习。

（七）课堂小结

1. 这节课，我们学会了一种什么运算？

2. 你认为国王的国库里有这么多的米吗？

【设计意图】 与开头遥相呼应，运用本节课所学知识解决问题，再次放飞学生的思绪，进而把课堂推向新的高潮，既达到课堂小结的目的，又保证了课尾学生注意力和学习兴趣的持久和稳定！

（八）检测反馈

计算：

（1） $(-1)^{100} \times 5 + (-2)^4 \div 4$

（2） $(-3)^3 - 3 \times \left(-\dfrac{1}{3}\right)^4$

（3） $\dfrac{7}{6} \times \left(\dfrac{1}{6} - \dfrac{1}{3}\right) \times \dfrac{3}{14} \div \dfrac{3}{5}$

（4） $-2^3 \div \dfrac{4}{9} \times \left(-\dfrac{2}{3}\right)^2$

【设计意图】留给学生回家的作业，覆盖主要知识点，使学生得到知识的巩固。

七、教学反思

本节课在开头采取寓意深刻又幽默轻松的故事引入，使静态的数学以鲜活的面容呈现在学生的面前。学生在素材中自己发现问题，自己提出疑问，自己想办法解决问题，从中体会到数学中的奥妙。注重了对学生科学钻研精神的培养。

在教学过程中，教师以课本为载体，创设情境，通过学生动手操作，启发学生思维的迁移，注重对学生动手操作能力的培养，从而对本节课所学知识点"乘方"有更深入的理解。

在课堂的最后，设计了一个环节与开头遥相呼应，为新旧知识架起桥梁，沟通知识间的内在联系，能够帮助学生建立起完整的知识结构，使本节课的知识要点得到了升华。

案例 2 《2.2 单项式》教学设计

珠海市第九中学 邓勇刚

一、教学目标

（1）理解单项式、单项式的系数和次数的概念。

（2）会用单项式表示简单的数量关系。

（3）通过单项式概念的分析过程，体会抽象的数学思想，使学生具备观察、分析、归纳能力。

【设计意图】告知学生本节课需要掌握的数学知识点、数学思想和数学能力。

二、教学重点难点

1. 教学重点

单项式、单项式的系数和单项式的次数的概念。

2. 教学难点

理解单项式、单项式的系数和次数的概念。

【设计意图】需要经历"数"到"式"的认识过程，内容比较抽象，从而注意掌握本节课的重点，突破难点。

三、教学过程

（一）新课引入

请回答

问题1：大家还记得小学学过的方程吗？比如 $x-1=0$，得出 $x=1$，或者 $3a=12$，得出 $a=4$，那么：

（1）字母是不是可以等于一个数？

（2）字母表示数有什么意义？

【设计意图】复习回顾旧知，理解字母表示数的意义、简洁性和必要性。

问题2：式子 $100t$，$0.8p$，和 a^2h 的运算含义是什么？

【设计意图】理解式子的含义，让学生体会字母表示数，字母一样可以和数参与计算，具备符号意识。

（二）原理探究

问题3：$100t$，$0.8p$，mn，a^2h，$-n$ 等式子有什么特征？

单项式定义：

表示数和字母的乘积的式子叫作单项式。

单独的一个数或者一个字母也是单项式。

单项式中的数字因数叫作这个单项式的系数。

一个单项式中，所有字母的指数和叫作这个单项式的次数。

（小组合作、讨论交流、达成共识）

注意：

（1）单独的一个数或者一个字母，如 -2，0，3，n 也是单项式。

（2）数字和字母相乘时，通常把数字写在前面。

（3）单项式的系数包含符号，当系数为 1 或者 -1 时，这个"1"可以省略不写。

【设计意图】通过自主学习、自主讨论分析交流，初步掌握单项式的特征，初步抽象概括单项式的概念及相关的概念（系数、次数等）。在合作交流学习中，激发学生学习的积极性，培养学生观察、分析、抽象概括的能力，加强交流学习、合作学习的能力。

（三）例题分析

例 用单项式填空，并指出它们的系数和次数：

（1）每包书有 12 册，n 包书有_____册；

（2）底边长为 a cm，高为 h cm 的三角形面积是_____cm²；

（3）棱长为 a cm 的正方体的体积是_____cm³；

（4）一台电视机原价 b 元，现按原价的九折出售，这台电视机现在的售价为_____元；

（5）一个长方形的长是 0.9 m，宽是 b m，这个长方形的面积是_____m².

温馨提示：学生先独立完成，老师板书示范。

【设计意图】通过实际问题的背景，掌握单项式的概念运用。

请问：你能赋予 $0.9b$ 一个含义吗？

大家先独立思考，小组讨论，然后小组代表展示解释的含义。看看大家的含义是否合理，是否严谨。

【设计意图】理解单项式的实际意义，明确可以用字母表示数，让学生明白数学知识源于生活，服务于生活，培养学生的应用意识。

问题 4：

（1）式子 $0.8p$，$-n$ 的系数和次数分别是多少？

（2）大家可以举出单项式的例子吗？并且说出它的系数和次数。

（3）每位同学写出一个单项式，它的系数是 3，次数是 5。

【设计意图】进一步巩固概念，理解单项式的系数和次数。

（四）形成性练习

请判断下列各式中哪些是单项式：

a，0.2，$5x$，$\dfrac{x}{4}$，$6x-1$，$\dfrac{3ab}{4}$，π

【设计意图】理解和巩固单项式的概念。

（五）巩固性练习

填写表 $4-1-1$。

表 $4-1-1$

单项式	$2a^2$	$-1.2h$	xy^2	$-y^2$	$-t^2$	$-\dfrac{2vt}{3}$
系数						
次数						

【设计意图】理解巩固单项式的概念，知道单项式的系数和次数。

（六）综合练习

写出同时含有 x，y，z，且同时满足下列条件的单项式：

（1）系数为 1；

（2）x，y，z 的指数之和小于或等于 5；

（3）交换 x，z 的指数，该单项式不变.

则这样的单项式为_____.

【设计意图】对单项式概念、系数和次数的灵活运用，进一步提升数学知识运用的意识。

（七）课堂小结

请同学们回答以下问题：

（1）本节课学习了哪些主要内容？

（2）请你举例说明单项式的概念，单项式的系数和次数的概念。

【设计意图】通过小结，帮助学生回顾本节课所学的内容，掌握单项式的概念，单项式的系数和次数，以及单项式的灵活运用，经历从"数"到"式"的过程，体会特殊到一般的数学思维过程。

（八）检测反馈

1. 在代数式：$\frac{3}{4}x^2$，$3ab$，$x+5$，$\frac{y}{5x}$，-4，$\frac{y}{3}$，a^2b-a 中，单项式有

（　　）

　A.4 个　　　　　　　B.5 个　　　　　　　C.6 个　　　　　　　D.7 个

2. 单项式 $\frac{a^2b^3c^4}{3}$ 的系数和次数分别是（　　　　）

　A.1，9　　　　　　　B.0，9　　　　　　　C.$\frac{1}{3}$，9　　　　　　　D.$\frac{1}{3}$，24

3. 若 $-x^4y^6$ 与 $3x^{m-1}y^{3n}$ 的和仍是单项式，则 $m+n=$ ＿＿＿＿＿＿ .

【设计意图】 检测学生是否掌握单项式的概念，单项式的系数和次数，以及对单项式的灵活运用程度。

四、教学反思

本节课经历从"数"到"式"的过程，学生需要抽象和概括出单项式概念，内容虽然不多，但是这种跳跃式的过程，对于部分学生来说还是比较困难的，尤其是涉及单个的数或者字母，还有和 π 有关的式子时会出现一些错误。另外，有的学生对单项式的系数和次数的理解有困难，这些都有待我们积极引导，需要学生积极去体验认识，提高学生思考分析的能力。

案例3 《一元一次方程（第1课时）》教学设计

珠海三灶中学　　杨玮玥

一、教学目标

1. 知识与技能

（1）理解一元一次方程、方程的解等概念。

（2）通过处理实际问题，让学生体验从算术方法到代数是一种进步。

（3）初步学会如何寻找问题的相等关系，列出方程。

（4）培养学生获取信息、分析问题、处理问题的能力。

2. 过程与方法

通过实际问题，感受数学与生活的联系。

3. 情感、态度与价值观

（1）培养学生热爱数学、热爱生活的乐观人生态度。

（2）体验用估算方法寻求方程的解的过程，培养学生求实的态度。

二、教学重点难点

1. 教学重点

方程以及一元一次方程的概念。

2. 教学难点

从算术思想到方程思想的过渡。

三、教学过程

（一）创设情境，导入新课

师：同学们，在小学中我们已经学过列方程解决问题，还记得吗？

生：记得。

师：那什么是方程，你能举个例子吗？我请同学来回答。

生举例。

师：现在我们来给方程下定义。

方程：含有未知数的等式。

【设计意图】从已有的知识出发作为引入，能有效地激发学生对知识求知的参与欲望，使学生加强新旧知识的联系，克服知识零碎、孤立的浅层学习的弊端。

（二）原理探究

1. 判断下列式子哪个是方程．

（1）$1+2=3$　　（2）$x+2>1$　　（3）$1+2x=4$　　（4）$x+y=2$

（5）x^2-1　　（6）$x^2=x+2$　　（7）$x+3-5$　　（8）$x=8$

2. 如何根据题意列方程？

一辆客车和一辆卡车同时从 A 地出发沿同一公路同方向行驶。客车的行驶速度为 70 km/h，卡车的行驶速度为 60 km/h. 客车比卡车早 1 h 经过 B 地．求 A、B 两地间的路程．

思考：

（1）能否用算术法解决？

① 题目中数字"70"和"60"表示什么意思？

② 应该设什么未知数？如何表示这个问题中的相等关系？

③ 列方程的依据是什么？

（2）用方程如何解？

如表 4 – 1 – 2 所示。

表 4 – 1 – 2

	路程/km	速度/km/h	时间/h
客车	x	70	$\dfrac{x}{70}$
卡车	x	60	$\dfrac{x}{60}$

归纳总结：

（1）列方程的思路是什么？怎样一步步地列出方程？

列方程的思路：$\left.\begin{array}{l}\text{一找等量关系}\\\text{二设未知数}\\\text{三列方程}\end{array}\right\}$一找二设三列

（2）方程法和算术法的区别：有无未知数的参与。

【设计意图】让学生通过找等量关系来列方程，体会方程法与算术法的区别，感知知识形成的过程，感受方程在解决实际问题中的优势。

（三）例题讲解

例　根据下列问题，设未知数并列出方程：

（1）用一根长 24 cm 的铁丝围成一个正方形，正方形的边长是多少？

（2）一台计算机已使用 1700 h，预计每月再使用 150 h，经过多少个月这台计算机的使用时间达到规定的检测时间 2450 h？

（3）某校女生占全体学生数的 52%，比男生多 80 人，这个学校有多少学生？（提示：一找二设三列）

解：（1）设正方形的边长为 x cm.

$4x = 24.$

（2）设 x 个月后这台计算机的使用时间达到规定的检测时间 2450 h.

$1700 + 150x = 2450.$

（3）设这个学校有 x 名学生，那么女生数为 $0.52x$，男生数为 $（1 - 0.52）x$.

$0.52x - （1 - 0.52）x = 80.$

思考：

这三个方程有什么相同特征？从未知数的个数和次数来观察。

归纳总结：

（1）各方程都只含有一个未知数。

（2）未知数指数都是 1。

这样的方程叫一元一次方程。"一元"指一个未知数，"一次"指未知数的指数是 1。

【设计意图】通过问题的复杂化，说明列方程比起算术法更能便捷解决问题，建立起知识之间的联系是深度学习的要求。

（四）形成性练习

1. 下列各式不是方程的是（　　　）

A. $3x = 0$　　　B. $5y + 3 = y - 2$　　　C. $7x + 3$　　　D. $y^2 - 2y - 1 = 0$

2. 下列方程是一元一次方程的个数是（　　　）

①$2 - x = -1$　　②$2x - y = 3$　　③$x + 1 = 5x + 4$　　④$2x - 3 = \dfrac{1}{x}$　　⑤$x^2 - x = 1$

⑥$\dfrac{1}{3}x - 3 = \dfrac{1}{2}x + 1$　　⑦$x + 3 = x - 2$

A. 2　　　　　B. 3　　　　　C. 4　　　　　D. 5

【设计意图】巩固新知，进一步体验新知识的生成。

（五）巩固性练习

A 饮料比 B 饮料单价少 1 元，小峰买了 2 瓶 A 饮料和 3 瓶 B 饮料，一共花

了 13 元．如果设 B 饮料单价为 x 元/瓶，那么所列方程为（　　　）

A. $2（x-1）+3x=13$ 　　　　　　　 B. $2（x+1）+3x=13$

C. $2x+3（x+1）=13$ 　　　　　　　 D. $2x+3（x-1）=13$

【设计意图】改变问题的难度，让学生理解列方程比算术法更快捷。

（六）综合性练习

已知方程 $（m+1）x^{|m|}+3=0$ 是关于 x 的一元一次方程，则 m 的值是
（　　　）

A. ±1 　　　　 B. 1 　　　　 C. -1 　　　　 D. 0 或 1

【设计意图】迁移情境与知识点，与中考题型挂钩，让学生明白这种题的本质还是在考一元一次方程的特点，培养学生解决数学问题的能力。

（七）课堂小结

这节课我们学习了什么？

【设计意图】由复习旧知引出新课，构建知识的连接，这是深度学习的要求。

（八）检测反馈

1. 在方程 $3x-y=2$，$x+\dfrac{1}{x}-2=0$，$\dfrac{1}{2}x=\dfrac{1}{2}$，$x^2-2x-3=0$ 中，一元一次方程的个数为（　　　）

A. 1 　　　　 B. 2 　　　　 C. 3 　　　　 D. 4

2. 某工厂采取节能措施，去年下半年与上半年相比，月平均用电量减少 2000 度，全年用电 15 万度，如果设上半年每月平均用电 x 度，则所列方程正确的是（　　　）

A. $6x+6（x-2000）=150000$ 　　　　 B. $6x+6（x+2000）=150000$

C. $6x+6（x-2000）=15$ 　　　　 D. $6x+6（x+2000）=15$

3. 若方程 $（m+3）x^{|m|-2}-1=0$ 是一个一元一次方程，则 m 等于（　　　）

A. -3 　　　　 B. 3 　　　　 C. ±3 　　　　 D. ±2

【设计意图】通过检测，巩固所学知识，检测学习效果，为下一节教学提供帮助。

（九）作业

《零障碍导学案》作业本 B 本：A、B 组题必做，C 组题选做。

【设计意图】分层做作业，体现分层教学，因材施教。

四、教学反思

为什么要进行深度学习？是因为我们要培养学生的数学核心素养，要提高学生学习数学的能力，而传统初中数学课堂，对于学生这方面能力的培养是比较弱的。

1. 本案例的教学设计以学生小学时期学习过的方程作为引入的方式，用更准确的语言来给方程下定义。这样可以使学生加强新旧知识的联系，打破知识零散、孤立这种浅层学习的现象，体现了深度学习，从而形成知识链，进一步形成知识网络。

2. 在原理探究环节，用一个又一个层层递进的问题来向学生提问，这种方式遵循了布鲁姆的教学目标规律，从高阶到低阶排列，进而体现了深度学习的特征。

3. 在练习设计的环节里，我们分层次去进行，由浅及深，由表及里。其中形成性练习是对知识更深一步的理解，巩固性练习设计列方程，综合性练习是让学生在迁移情境中掌握一元一次方程的特点，能在实际情境中解决数学问题。

数学深度学习是在教师引领下，学生围绕着具有挑战性的学习主题，全身心积极参与、体验成功、获得发展的有意义的数学学习过程。因此开展基于深度学习的初中数学教学设计的研究，比起传统初中数学教学课堂，更有利于培养学生的数学能力和数学思维，从而实现数学教学目的。

案例 4 《3.1.1 一元一次方程（第 1 课时）》教学设计

珠海市斗门区白藤湖初级中学　周芷冰

一、教学目标

1. 知识与技能

了解方程和一元一次方程的概念，理解方程的解的概念，掌握验证某个值是不是方程的解的方法。

2. 过程与方法

培养学生根据问题寻找相等关系，根据相等关系列出方程的能力。

3. 情感、态度与价值观

让学生体会数学与生活的密切联系，培养学生热爱数学、热爱生活的人生态度。

二、教学重点难点

1. 教学重点

了解一元一次方程的相关概念。

2. 教学难点

根据一元一次方程的相关概念解决问题。

三、教学过程

（一）课堂引入

1. 回顾方程的概念

列等式表示：

（1）比 a 大 5 的数等于 8；（$a+5=8$）

（2）x 的 2 倍与 y 的 3 倍的和等于 20；（$2x+3y=20$）

（3）比 m 的 3 倍大 5 的数等于 m 的 4 倍。（$3m+5=4m$）

归纳：含有未知数的等式叫作方程。

强调方程两个要素：①有未知数；②是一个等式。

（板书：方程：①有未知数；②是一个等式。）

2. 判断下列式子哪些是方程

①$2+6=8$　　②$4x+3y=12$　　③$2x-1$　　④$\frac{1}{3}x+2=5$

⑤$5x^2+x=6$　　⑥$\frac{2}{x}+3=12$

是方程的有 ②④⑤⑥ ．

【设计意图】通过找等量关系回顾如何列方程，观察得出方程的特点，总结概括方程的特点。方程的概念是小学就学习过的知识，通过一道题简单回顾。明确方程的两个要素：①有未知数；②是一个等式。

（二）原理探究

1. 解决下列问题．

（1）某数的 3 倍与 7 的和等于 25，求这个数．

（2）一根长 32 cm 的铁丝围成一个正方形，正方形的边长是多少？

（3）某校女生占全体学生数的 52%，比男生多 60 人，这个学校有多少学生？

根据学生回答展示答案：

（1）$3x + 7 = 25$　　　　　　　　（2）$4x = 32$

（3）$52\%x - (1 - 52\%)x = 60$

观察上述方程，引导学生对方程的特征进行分析。

归纳：只含有一个未知数（元），未知数的次数都是 1，等号两边都是整式，这样的方程叫作一元一次方程。

（板书：一元一次方程：①只含有 1 个未知数（元）；②未知数的次数都是 1；③等号两边都是整式。）

你能列举出几个一元一次方程的例子吗？

学生根据一元一次方程的概念列举例子，教师指定学生回答。

【**设计意图**】结合实际问题列出方程，引导学生观察这类方程的共同点，得出一元一次方程的概念，引出今天的课题。本环节与上一环节相扣，从方程迁移到一元一次方程，让学生自主列举一元一次方程，强化一元一次方程的概念。

2. 一根长 24 cm 的铁丝围成一个正方形，求正方形的边长．

$$4x = 24$$

当 $x = 6$ 时，$4x$ 的值是 24，这时方程 $4x = 24$ 等号左右两边相等．

$x = 6$ 叫作方程 $4x = 24$ 的解．

引出概念：使方程中等号左右两边相等的未知数的值，叫作方程的解。（板书：方程的解：使方程中等号左右两边相等的未知数的值。）

【**设计意图**】深度学习强调让学生在经历知识产生的过程中体会其中的数学思想方法。本环节通过具体问题引出方程的解的概念，让学生体验运用代入法，为今后学习解方程的验证思想做铺垫。

（三）例题分析

1. 判断下列式子哪些是一元一次方程：

①$3 + 6 = 9$　　　②$3x + 4y = 12$　　　③$2x - 1$

④$\dfrac{1}{3}x + 1 = 5$　　　⑤$5x^2 + x = 3$　　　⑥$\dfrac{2}{x} + 3 = 10$

是方程的有（②④⑤⑥），是一元一次方程的有（　④　）．

引导学生归纳方程和一元一次方程的关系，如图 4 – 1 – 1 所示。

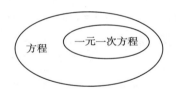

图 4 – 1 – 1

【**设计意图**】在判断方程的基础上判断一元一次方程，让学生体会到方程和一元一次方程的密切联系。

2. 检验下列各数是不是方程 $2x - 3 = 5x - 15$ 的解：

（1）$x = 6$　　　　　　　　　　（2）$x = 4$

【**设计意图**】用代入法解决问题，同时让学生体会检验思想，为以后学习解一元一次方程做铺垫。

本环节的两个例题分别对应上一环节学习的一元一次方程的概念和方程的解，深度学习强调学生的迁移能力的培养，通过环环相扣的练习巩固学生本节课所学的知识。

（四）形成性练习

1. 比 a 大 4 的数是 12。

2. 五分之一 b 等于 15。

3. m 的 2 倍与 24 的和等于 46。

4. a 的三分之一减 13 的差等于 20。

5. x 的六分之一等于 y 的 4 倍。

6. n 的四分之一比 m 的 6 倍多 10。

写出以上等式，并判断哪些是方程，哪些是一元一次方程。

【设计意图】 本环节考查学生根据问题列等式的能力，以及根据一元一次方程和方程的概念对等式进行判断的能力，进一步巩固本节课所学知识。

（五）巩固性练习

1. 根据一元一次方程的概念，完成下列各题：

（1）已知关于 x 的方程 $2x^m + 3 = 7$ 是一元一次方程，则 $m = $ _____.

（2）已知关于 x 的方程 $2x^{m-2} + 3 = 7$ 是一元一次方程，则 $m = $ _____.

（3）已知关于 x 的方程 $kx^2 + 2x + 3 = 7$ 是一元一次方程，则 $k = $ _____.

（4）已知关于 x 的方程 $(k+1)x^2 + 2x + 3 = 7$ 是一元一次方程，则 $k = $ _____.

【设计意图】 根据一元一次方程的概念，设计题目难度逐题加深，由浅入深，让学生更好地掌握一元一次方程的概念。

（六）综合性练习

1. 根据下列问题，设未知数，列出方程：

（1）长方形的长为 8 cm，面积为 24 cm²，这个长方形的宽是多少？

（2）小明从家到学校的路程是 1.2 千米，小明每分钟步行 100 米，小明上学需要多少分钟？

（3）A 种笔记本每本 3 元，B 种笔记本每本 5 元，李老师花了 34 元买了两种笔记本 8 本，两种笔记本各买多少本？

（4）一壶果汁倒进大水杯可以装 10 杯，倒进小水杯可以装 15 杯，每个大水杯比每个小水杯多装 5 毫升的果汁，一个大水杯和一个小水杯各可以装多少毫升的果汁？

2. $x = 3$，$x = 4$，$x = 5$ 分别是以下哪个方程的解？

（1）$3x + 5 = 5x - 3$ （2）$12x + 20 = 16x$

（3）$3x - 2 = 10 - x$

【设计意图】让学生把所学知识迁移到具体问题中，根据具体问题列等式，为今后学习一元一次方程做铺垫。

（七）课堂小结

这节课你有什么收获?

方程：①有未知数；②是一个等式。

一元一次方程：①只含有 1 个未知数（元）；②未知数的次数都是 1；③等号两边都是整式。

【设计意图】板书设计把方程和一元一次方程的关键要素一点一点列出来，直观地概括方程和一元一次方程的概念，加深学生印象。

（八）检测反馈

1. 在下列方程中，解是 $x = -1$ 的是 （　　　）

A. $2x + 1 = 1$　　　 B. $1 - 2x = 1$　　　 C. $\dfrac{x + 1}{2} = 2$　　　 D. $\dfrac{x + 1}{3} - \dfrac{x - 3}{2} = 2$

2. 下列说法正确的是 （　　　）

A. $x = -2$ 是方程 $x - 2 = 0$ 的解　　　 B. $x = 6$ 是方程 $3x + 18 = 0$ 的解

C. $x = -1$ 是方程 $-\dfrac{x}{2} = 0$ 的解　　　 D. $x = \dfrac{1}{10}$ 是方程 $10x = 1$ 的解

3. 下列各式中，是方程的为 （　　　）

① $2x - 1 = 5$　 ② $4 + 8 = 12$　 ③ $5y + 8$　 ④ $2x + 3y = 0$　 ⑤ $2x^2 + x = 1$

⑥ $2x^2 - 5x - 1$

A. ①②④⑤　　　 B. ①②⑤　　　 C. ①④⑤　　　 D. 6 个都是

4. 下列方程是一元一次方程的是 （　　　）

A. $-5x + 4 = 3y^2$　　　　　　　 B. $5（m^2 - 1）= 1 - 5m^2$

C. $2 - \dfrac{n}{4} = \dfrac{n - 1}{5}$　　　　　　　 D. $5x - 3$

5. 根据下面所给条件，能列出方程的是 （　　　）

A. 一个数的 $\dfrac{1}{3}$ 是 6　　　　　　　 B. a 与 1 的差的 $\dfrac{1}{4}$

C. 甲数的 2 倍与乙数的 $\dfrac{1}{3}$　　　　　　　 D. a 与 b 的和的 60%

6. 根据"x 的 3 倍与 5 的和比 x 的 $\frac{1}{3}$ 少 2"列出的方程是（　　　）

A. $3x + 5 = \frac{x}{3} - 2$　　　　　　　　　B. $3x + 5 = \frac{x}{3} + 2$

C. $3（x + 5）= \frac{x}{3} - 2$　　　　　　　D. $3（x + 5）= \frac{x}{3} + 2$

7. 若 $x = 0$ 是关于 x 的方程 $2x - 3n = 1$ 的根，则 $n =$ _____ .

8. 甲、乙两队开展足球对抗赛，规定每队胜一场得 3 分，平一场得 1 分，负一场得 0 分．若甲队胜场是平场的 2 倍，平场比负场多 1 场，共得了 21 分，则甲队胜了_____场，平了_____场，负了_____场．

9. 根据下列条件列出方程：

（1）x 的 5 倍比 x 的相反数大 10　　　（2）某数的 $\frac{3}{4}$ 比它的倒数小 4

10. 植树节甲班植树的株数比乙班多 20%，乙班植树的株树比甲班的一半多 10 株，若乙班植树 x 株．

（1）列两个不同的含 x 的代数式表示甲班植树的株数．

（2）根据题意列出以 x 为未知数的方程．

（3）检验乙班、甲班植树的株数是不是分别为 25 株和 35 株．

【设计意图】深度学习强调培养学生的迁移能力，通过检测巩固所学知识，把所学知识迁移到新的情境中，强化学生的迁移能力。

四、教学反思

1. 深度学习要求呈现知识之间的联系。本节从已学过的方程出发，在方程的概念的基础上，开展对一元一次方程的概念学习，把方程的概念和一元一次方程的概念合理地、有机地联系到一起，也为学生以后学习二元一次方程组、一元二次方程的概念创设条件，让学生在今后的学习中能够建构起自己的知识结构，并不断将其优化。

2. 深度学习的一大关键是学生能够将所学内容迁移到新情境中。迁移能力，是数学学习的关键能力之一。本节中为培养学生的迁移能力，设计了 4 个小题的练习，从浅入深、从易到难，层层递进，强化一元一次方程的概念，加深学生对数学知识本质的把握。

3. 深度学习是让学生在经历知识产生的过程中体会其中的数学思想方法。

本节中涉及方程的解的概念，在让学生学习概念之余，还应强化学生的检验思想，为以后学习解方程打下基础，解任何方程都要有验算思想。

通过数学教育，我们的目的是培养学生"会用数学的眼光观察世界，会用数学思维思考世界，会用数学语言表达世界"。在实际教学中实现深度学习，有利于学生数学素养的提升，有助于数学教育对人的发展价值的实现。

案例 5 《6.1 立方根》 教学设计

珠海市三灶中学 杨玮玥

一、教学目标

1. 知识与技能

（1）了解立方根的概念，初步学会用根号表示一个数的立方根。

（2）了解开立方与立方互为逆运算，会用立方运算求某些数的立方根。

（3）能用类比平方根的方法学习立方根及开立方运算，并区分立方根与平方根的不同。

2. 过程与方法

经历用类比的方法探寻立方根的运算及表示方法的过程，并自己尝试总结出平方根与立方根的异同。

3. 情感、态度与价值观

（1）让学生体会一个数的立方根的唯一性，分清一个数的立方根与平方根的区别，使学生理解"两个互为相反数的数的立方根的关系，即两个互为相反数的立方根也为相反数"。渗透由一般到特殊的思想方法。

（2）培养学生的求同存异思维，使他们能在复杂的环境中明辨是非，并做出正确的处理。

二、教学重点难点

1. 教学重点

立方根的概念和求法。

2. 教学难点

立方根与平方根的区别。

三、教学过程

（一）复习导入

算一算一些数的立方：

$2^3 = $ _____；$(-2)^3 = $ _____；$0.5^3 = $ _____；

$(-0.5)^3 = $ _____；$\left(\dfrac{2}{3}\right)^3 = $ _____；$\left(-\dfrac{2}{3}\right)^3 = $ _____；$0^3 = $ _____．

【设计意图】通过对求一个数的立方的复习，使学生加强新旧知识的联系，克服知识零碎、孤立的浅层学习弊端。

（二）原理探究

1. 经计算发现正数、0、负数的立方值与平方值有何不同之处？

正数的立方根是正数，负数的立方根是负数，0 的立方值是 0；正数的平方根是正数，负数的平方根还是正数，0 的平方值是 0。

2. 求立方运算时，当底数互为相反数时，其立方值也是一对互为相反数的数，这与平方运算不同。平方运算的底数互为相反数时，其平方值相等，故一个正数的平方根有两个值，但一个正数的立方根却只有一个值。什么是立方根呢？类似平方根的定义，若 $x^3 = a$，则 x 为 a 的立方根，记为 $\sqrt[3]{a}$，读作三次根号 a。

3. 负数没有平方根，负数有无立方根呢？

【设计意图】通过对平方、求平方根的运算的对比，学生接受新知识的生成更为自然。这个环节体现了深度学习的活动与体验、联想与结构，这都是深度学习特征。

（三）例题讲解

例 1 求下列各数的立方根．

（1） -27 （2） $\dfrac{27}{64}$ （3） 5

例2 求下列各式的值：

(1) $\sqrt[3]{-64}$　　(2) $\sqrt[3]{0.064}$　　　　(3) $\sqrt[3]{\dfrac{27}{125}}$　　　(4) $(\sqrt[3]{a})^3$

例3 解方程：$x^3 - 27 = 0$.

思考： 类比我们学过的求平方根以及解一元二次方程，第一步该先做什么？

归纳总结：

（1）求一个数的立方根的运算。把求一个数的立方根的运算，叫作开立方。开平方与平方互为逆运算，同样，开立方与立方也互为逆运算。

（2）平方根与立方根的区别和联系如表4-1-3所示。

表4-1-3

		平方根	立方根
性质	正数	两个，互为相反数	一个，为正数
	0	0	0
	负数	没有平方根	一个，为负数
表示方法		$\sqrt{a}$	$\sqrt[3]{a}$
被开方数的范围		非负数	可以为任何数

【设计意图】 通过问题的复杂化，类比求平方根、解一元二次方程，体验求立方根与平方根的异同。类比旧知识，建立知识的联系是深度学习的要求。

（四）形成性练习

求下列各数的立方根：

（1）0　　　　（2）8　　　　　　（3）-125

【设计意图】 巩固新知，进一步体验求立方根与求平方根的异同。

（五）巩固性练习

1. 比较 3，4，$\sqrt[3]{50}$ 的大小．

2. 解方程：$2x^3 = 16$.

【设计意图】 改变未知数的系数，进行一个小变式，也让学生明白解一元三次方程也相当于是在求一个数的立方根，本质不变。

（六）综合性练习

计算：$\sqrt{81} + \sqrt[3]{-27} + \sqrt{\left(-\dfrac{2}{3}\right)^2} - |-2|$.

【设计意图】 迁移情境与知识点，让学生明白这种题最后还是落实在求一个数的立方根上，培养学生解决数学问题的能力。

（七）课堂小结

这节课学习了立方根的概念，立方根的表示方法，以及如何求一个数的立方根。

【设计意图】 由复习旧知引出新课，构建知识的连接，类比求一个数的平方根的步骤，这是深度学习的要求。

（八）检测反馈

1. 填空：

（1）1 的平方根是_____，立方根是_____；

（2）64 的立方根是_____，平方根是_____；

（3）-27 的立方根是_____.

2. 解方程：$x^3 - 3 = \dfrac{3}{8}$.

【设计意图】 通过检测，巩固所学知识，检测学习效果，为下一节教学提供帮助。

（九）作业

《零障碍练习册》第 34—35 页。A、B 组题必做，C 组题选做。

【设计意图】分层做作业，体现分层教学，因材施教。

四、教学反思

深度学习是指在理解学习的基础上，学生能够批判性地学习新的思想和事实，并将它们融入原有的认知结构中，能够在新旧知识之间进行联系，并能够将已有的知识迁移到新的情境中，做出决策和提出解决问题的办法。

深度学习是无法脱离深度教学去进行的，深度学习是在教育者有目的的引导下进行的。整个教学环节的设计都是依托深度学习的要求进行的，每个环节都要求学生用旧知识链接新知识，从而形成新的知识框架，学生接受的知识不再是松散的、碎片式的。每个环节都体现了深度学习的特征之一：价值与评价。价值与评价回答的是教学的终极问题。

特别是综合性问题中链接了中考题型，让学生体会题目之间的紧密联系，以及知识点之间的融合。

教师要充分发挥引导作用，让学生做学习的主人，感受到数学的魅力，让学生感受到学习的乐趣，并在学习的乐趣中不断深入教学，为之后的数学学科发展奠定基础。

案例6 《6.3　实数（第1课时）》教学设计

珠海市第十三中学　林泽珊

一、教学目标

1. 知识与技能

（1）了解无理数的概念，掌握三种常见的无理数的类型。

（2）了解实数的意义，能对实数按要求进行分类。

（3）了解数轴上的点与实数一一对应，能用数轴上的点来表示无理数。

2. 过程与方法

在探索无理数的过程中，感悟从特殊到一般的研究问题的方法，感知数形结合的思想。在进行实数的分类过程中，感悟类比的数学思想。

3. 情感、态度与价值观

在探究活动中，培养学生严谨的学习态度和勇于探索的钻研精神，在师生、生生交流活动中，学会与人合作，学会倾听、欣赏和感悟，体验数学概念的完整性，建立学好数学的自信心。

二、教学重点难点

1. 教学重点

掌握无理数和实数的概念，能够正确地对实数进行分类。

2. 教学难点

实数的概念及分类。

三、教学过程

（一）课堂引入

故事：

$\sqrt{2}$ 闯"祸"了

"不好了，不好了，保安和 $\sqrt{2}$ 吵起来了！"数字 π 急忙去探明真相，原来是刚来到"数字王国"的 $\sqrt{2}$，看到一群数字，如 3 ，$-\frac{3}{5}$，$\frac{47}{8}$，$\frac{9}{11}$，$\frac{11}{9}$，$\frac{5}{9}$ 等自由进入"数字王国"，好奇的 $\sqrt{2}$ 也想进去，却被保安拦住，于是 $\sqrt{2}$ 就和保安理论。保安说 $\sqrt{2}$ 和它们不一样，$\sqrt{2}$ 不服气，保安又指了指大门上的标志"×××× 王国"，于是 $\sqrt{2}$ 只好作罢。

提问：同样是数字，为什么保安不让 $\sqrt{2}$ 进去呢？这群数字有什么特点？$\sqrt{2}$ 与它们有什么不同？

【设计意图】通过趣味的小故事引入对有理数分类的复习，可以有效激发学生的学习兴趣，调动学习的积极性。

小组合作：将 3 ，$-\frac{3}{5}$，$\frac{47}{8}$，$\frac{9}{11}$，$\frac{11}{9}$，$\frac{5}{9}$ 化为小数，思考 $\sqrt{2}$ 和它们有什么不一样.

化为小数：$3 = 3.0$；$\frac{47}{8} = 5.875$；$-\frac{3}{5} = -0.6$；$\frac{11}{9} \approx 1.\dot{2}$；$\frac{9}{11} \approx 0.\dot{8}\dot{1}$；

$\dfrac{5}{9} \approx 0.5\dot{5}$

（写下结果并引导学生观察原数和小数的特点）

观察等号左边（都是整数或分数）：整数和分数统称为有理数。

观察等号右边（都是有限小数和无限循环小数）：有限小数和无限循环小数叫有理数。

知识回顾：你还记得有理数的两种分类吗？

① 按定义分：

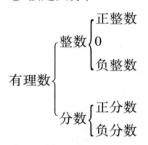

② 按符号分：

$$有理数\begin{cases} 正数\begin{cases} 正整数 \\ 正分数 \end{cases} \\ 0 \\ 负数\begin{cases} 负整数 \\ 负分数 \end{cases} \end{cases}$$

追问：$\sqrt{2}$ 属于其中的类别吗？

【设计意图】由旧知出发引发对新知的思考与探索，有利于学生体会学习新知的必要性，并建立新旧知识之间的区别与联系，形成完整的知识体系，这也是深度学习的要求。

（二）原理探究

探究一：用计算器将下列各数写成小数的形式，你有什么发现？

$$\sqrt{2} = 1.4142\cdots \qquad \sqrt[3]{-3} = -1.442\cdots$$

$$\sqrt{3} = 1.7320\cdots \qquad \sqrt[3]{5} = 1.710\cdots$$

$$-\sqrt{5} = -2.2360\cdots \qquad \sqrt[3]{7} = 1.913\cdots$$

$$\pi = 3.14159265\cdots$$

特点：结果都是无限不循环小数。

追问：这些数是有理数吗？

（1）概念：无限不循环小数叫无理数。

（2）概念：有理数和无理数统称为实数。

（3）类比有理数的分类将实数进行分类：

① 按定义分类：

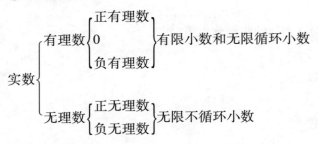

② 按符号分类：

实数 $\begin{cases} 正实数 \begin{cases} 正有理数 \\ 正无理数 \end{cases} \\ 0 \\ 负实数 \begin{cases} 负有理数 \\ 负无理数 \end{cases} \end{cases}$

探究二：数轴上有无理数吗？

我们知道，每个有理数都可以用数轴上的点来表示。无理数是否也可以用数轴上的点来表示呢？

（1）直径为 1 个单位长度的圆从原点沿数轴向右滚动一周，圆上的一点由原点到达点 O'，点 O' 对应的数是多少？

从图 4 – 1 – 2 中可以看出 OO' 的长是这个圆的周长，点 O' 的坐标是_____。

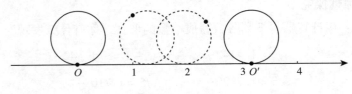

图 4 – 1 – 2

这样，无理数 π 可以用数轴上的点表示出来。

（2）小组合作：你能在数轴上找到$\sqrt{2}$吗？

如图 4-1-3 所示，以单位长度为边长画一个正方形，以原点为圆心，正方形对角线为半径画弧，由于以 1 为边长的正方形的对角线为$\sqrt{2}$，这样，无理数$\pm\sqrt{2}$可以用数轴上的点表示。

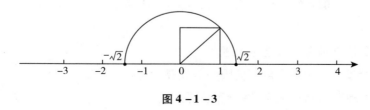

图 4-1-3

归纳：

（1）每一个无理数都可以用数轴上的点表示出来，这就是说，数轴上的点有些表示有理数，有些表示无理数。当从有理数扩充到实数以后，实数与数轴上的点就是一一对应的，即每一个实数都可以用数轴上的点来表示；反过来，数轴上的点都是表示一个实数。

（2）与有理数一样，对于数轴上的任意两个点，右边的点所表示的实数总比左边的点表示的实数大。

【设计意图】类比整数和分数化成小数的方法，将开不尽方的数用计算器化成小数，揭示无理数的本质特点就是无限不循环小数，从而得出概念；通过已学习过的结论"每个有理数都可以用数轴上的点来表示"猜想出"每个无理数也可以用数轴上的点来表示"，让学生探索借助熟悉的几何图形找到数轴上的无理数，验证结论。通过类比思想，让学生先探索，教师再归纳小结，循序渐进地得出新知，是深度学习过程中的重要环节。

（三）例题分析

把下列各数分别填在相应的集合中：

1.1415926，$\sqrt{7}$，0.6，-8，$\sqrt[3]{3}$，$\sqrt{36}$，0，π，$\dfrac{22}{7}$，0.191191119…（每相邻两个 9 之间依次多一个 1）

有理数集合

无理数集合

追问：你是如何区分有理数和无理数的？你能归纳常见的无理数类型吗？

常见无理数的类型：

（1）圆周率 π 及一些含有 π 的数，如 1.5π。

（2）开方开不尽的数，如 $\sqrt{2}$（注意：带根号的数不一定是无理数）。

（3）有规律但不循环的无限小数，如 $0.191191119\cdots$

辨一辨：

（1）实数不是有理数就是无理数．   （ $\sqrt{}$ ）

（2）无理数是无限小数，无限小数就是无理数．   （ × ）

（3）无理数包括正无理数，0，负无理数．   （ × ）

（4）带根号的数都是无理数，不带根号的数都是有理数．   （ × ）

（5）$\dfrac{\sqrt{2}}{2}$ 是一个分数．   （ × ）

【设计意图】通过例题讲解让学生进一步理解有理数和无理数的区别，通过做题后的追问和辨析题引导学生思考和归纳方法，加深对概念的理解。针对解题脉络的追问是促进深度学习的重要教学手段。

（四）形成性练习

把下列各数填入相应的集合内：

$$\left|-\sqrt{9}\right|,\ \sqrt[3]{5},\ \sqrt{64},\ \pi,\ 0.\dot{6},\ -\dfrac{3}{4},\ \sqrt[3]{-9},\ 3,\ 0.13$$

有理数集合 ｛   ｝   无理数集合 ｛   ｝

整数集合 ｛   ｝   分数集合 ｛   ｝

实数集合 ｛   ｝

【设计意图】类似的问题情境中，改变具体数字并加入先前学过的绝对值等元素，让学生用同样的方法分别归类，加深对有理数、无理数、整数、分数、实数概念的理解，体会知识的应用过程。

（五）巩固性练习

把下列各数分别填入相应的集合内：

$$\sqrt[3]{2},\ \dfrac{1}{4},\ \sqrt{7},\ \pi,\ -\dfrac{5}{2},\ \sqrt{2},\ \sqrt{\dfrac{20}{3}},\ -\sqrt{5},\ -\sqrt[3]{8},\ \sqrt{\dfrac{4}{9}},\ 0$$

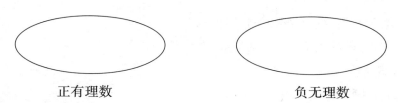

正有理数   负无理数

【设计意图】将问题情境中的数字进行进一步的"修饰",并在有理数、无理数的分类的基础上加入对符号的辨认,加强对学生辨析能力的锻炼,从而加深对实数分类的理解,促进深度思考与学习。

（六）综合性练习

图 4 – 1 – 4 是由 16 个边长为 1 的小正方形拼成的,任意连接这些小正方形的两个顶点,可得到一条线段,试分别画出一条长度是有理数的线段和一条长度是无理数的线段.

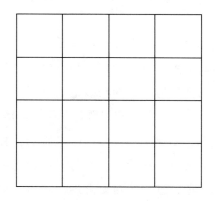

图 4 – 1 – 4

【设计意图】通过画一条长度是无理数的线段可以让学生体会开方开不尽的数这类无理数的几何意义（如 $\sqrt{2}$ 是面积为 2 的正方形的边长）,培养学生数形结合的数学思想,实现无理数在不同情境下的迁移运用。

（七）课堂小结

这节课我们学习了什么?运用了哪些数学思想方法?

（1）无理数:无限不循环小数。

（2）无理数的常见形式:

① 开方开不尽的数;

② 圆周率 π,以及一些含有 π 的数。

③ 有规律但不循环的无限小数。

（3）实数的分类：按定义分和按符号分。

（4）实数与数轴的关系：一一对应。

（八）检测反馈

1. 完成课本 P57 第 1—3 题。

2. 自行阅读课本 P58《为什么$\sqrt{2}$不是有理数》。

四、教学反思

本节课是一节概念课，概念教学一直以来都是数学教学中的难点。如何利用深度学习的理念促进学生对数学概念的理解是本案例探索的重点。上述案例通过课堂引入、例题讲解、多层次练习、小组交流和课堂追问等环节，促进学生深度思考、深度探究、深度碰撞、深度拓展，让深度学习真正发生。具体可叙述如下：

1. 本案例的开始设置了引人入胜的故事背景，在学生学习热情高涨的时候布置小组任务让他们参与探索，自主发现$\sqrt{2}$与已经学过的有理数的不同。一方面提高了学生的学习积极性，另一方面巧妙地建立起新旧知识的联系，克服知识零碎、孤立的浅层学习弊端，形成知识链与知识网，体现了深度学习的特点。

2. 当学生了解了整数、分数与$\sqrt{2}$这类数的区别后，教师顺势给出无理数的概念和实数的概念，学生将更易接受。进而再通过例题讲解、练习和课堂追问的形式，引导学生深度思考，进一步对概念进行辨析。整个过程循序渐进，遵循学生的认知规律，体现了深度学习的思维特征。

3. 练习的设计分为形成性练习、巩固性练习、综合性练习，三组练习具有内在的结构性，发挥着不同的功能。形成性练习考查有理数和无理数分别"是什么"，培养学生的思辨能力；巩固性练习加入对符号的辨识，加大了思维的强度；综合性练习考查了无理数的几何表示，培养学生数学结合思想和对知识的应用能力，增强对数学的情感。

通过精心设计课堂的每个环节，深度学习理念下的教学模式能够激发学生的主观能动性，让学生主动、积极探索，由易到难、由浅入深地将知识进行内化，循序渐进地发展利用数学知识去解决实际问题的能力，形成数学的思维模式。因此，开展基于深度学习的初中数学教学设计研究，对真正落实对学生数学核心素养的培养而言意义重大。

案例7《6.3 实数的运算》教学设计

珠海市红旗中学 张伟婉

一、教学目标

1. 知识与技能

了解实数范围内相反数和绝对值的意义，了解在有理数范围内的运算及运算法则、运算性质等在实数范围内仍然成立，能熟练地进行实数运算。

2. 过程与方法

在实数运算时，根据问题的要求取其近似值，转化为有理数进行计算。

3. 情感、态度与价值观

在知识的学习过程中，感受事物之间的相互联系。

二、教学重点难点

1. 教学重点

实数的运算律。

2. 教学难点

实数的混合运算。

三、教学过程

（一）复习引入

求表4－1－4中有理数的相反数和绝对值．

表4－1－4

	-5	-2.5	7	$\dfrac{3}{4}$
相反数				
绝对值				

【**设计意图**】学生认识的数从有理数扩大到实数。在学习实数的运算规律和相关概念之前先复习有理数的运算法则和概念，既能让学生顺理成章地理解，又加强了知识点之间的联系，帮助学生构建知识网络，避免学生出现"知识点相对孤立"的误解。

（二）原理探究

通过观看动画（图 4 – 1 – 5），了解在数轴上找表示 $-\sqrt{2}$ 和 $\sqrt{2}$ 的两个点的步骤，小组合作探究在数轴上找到表示 $-\sqrt{3}$ 和 $\sqrt{3}$ 或 $-\sqrt{4}$ 和 $\sqrt{4}$ 的点，体会无理数的相反数和绝对值的概念。

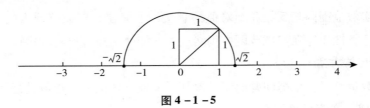

图 4 – 1 – 5

表示 $-\sqrt{2}$ 和 $\sqrt{2}$ 的两个点：在原点两侧，到原点的距离相等（互为相反数）；到原点的距离都等于 $\sqrt{2}$（绝对值为 $\sqrt{2}$）。

结论：

有理数关于相反数和绝对值的意义同样适用于实数：

（1）数 a 的相反数是 $-a$，这里的 a 表示任意一个实数。

（2）一个正实数的绝对值是它本身；一个负实数的绝对值是它的相反数；0 的绝对值是 0。

实数之间不仅可以进行加、减、乘、除（除数不为 0）、乘方运算，而且正数及 0 可以进行开平方运算。任意一个实数都可以进行开立方运算。在进行实数的运算时，有理数的运算法则及运算性质等同样适用。

【**设计意图**】通过引导学生在数轴上找无理数这一活动，让学生体会无理数一样适用有理数的相反数和绝对值的概念，进一步理解有理数的运算法则同样适用于实数。学生在活动中充分体验和学习，是深度学习的必要环节。

（三）例题讲解

例 1 回答下列问题：

（1）分别写出 $-\sqrt{6}$，$\pi-3.14$ 的相反数；

（2）指出 $-\sqrt{5}$，$1-\sqrt[3]{3}$ 分别是什么数的相反数；

（3）求 $\sqrt[3]{-64}$ 的绝对值；

（4）已知一个数的绝对值是 $\sqrt{3}$，求这个数．

例2 计算下列各式的值：

（1）$(\sqrt{3}+\sqrt{2})-\sqrt{2}$

（2）$3\sqrt{3}+2\sqrt{3}$

【**设计意图**】通过两个例题，帮助学生进一步理解实数的相反数、绝对值的概念和运用，以及实数的简单运算。在例 1 中，4 个小题通过变式从不同角度引导学生深刻理解实数相反数、绝对值的概念。

（四）形成性练习

1. $\sqrt{9}$ 的相反数是（　　　）

A. 3　　　　　B. $\dfrac{1}{3}$　　　　　C. $-\dfrac{1}{3}$　　　　　D. -3

2. $-\sqrt{3}$ 的绝对值是（　　　）

A. $-\sqrt{3}$　　　　B. $\sqrt{3}$　　　　　C. $-\dfrac{1}{\sqrt{3}}$　　　　D. $\dfrac{1}{\sqrt{3}}$

3. $\sqrt{3}-2$ 的相反数是_____，绝对值是_____．

4. 下列计算正确的是（　　　）

A. $-\sqrt{2}-\sqrt{2}=2\sqrt{2}$　　　　　　　B. $\sqrt{3}-(\sqrt{3}-\sqrt{2})=\sqrt{2}$

C. $3\sqrt{3}-2\sqrt{3}=1$　　　　　　　　　D. $\sqrt{36}\times\left(-\dfrac{1}{2}\right)^2=-\dfrac{3}{2}$

【**设计意图**】形成性练习采用选择、填空的形式，题目相对简单，是对前面环节所学知识的简单运用，检验学生对新知识的理解是否正确。

（五）巩固性练习

1. 计算：

（1）$\sqrt{3}(\sqrt{3}-3)$

（2）$1\sqrt[3]{3}-\left|-\sqrt[3]{3}\right|$

2. 计算（结果保留小数点后两位）：

（1）$\sqrt{5}+\pi$ （2）$\sqrt{3}\cdot\sqrt{2}$

【设计意图】巩固性练习是训练、考查学生对新知识的简单运用的能力。

（六）综合性练习

1. 下列各组数互为相反数的一组是（　　　）

A. $-|-2|$ 与 $\sqrt[3]{-8}$ B. -4 与 $-\sqrt{(-4)^2}$

C. $-\sqrt{2}$ 与 $-\dfrac{1}{\sqrt{2}}$ D. $-\sqrt[3]{2}$ 与 $|\sqrt[3]{-2}|$

2. 计算：

（1）$|\sqrt{2}-1|+|\sqrt{3}-2|$ （2）$\sqrt{(\sqrt{5}-3)^2}+2\sqrt{5}$

【设计意图】综合性练习难度进一步提高，训练、考查学生对新知识的综合运用的能力。

（七）课堂小结

1. 本节课我们学习了哪些概念？

2. 实数的运算法则是什么？

【设计意图】通过小结环节，引导学生对本堂课所学内容进行回顾，在对知识有了更深入的理解后建构知识网络，学生对知识间的联系更清晰、更理解了。

（八）检测反馈

1. 计算：

（1）$3\sqrt{3}+2\sqrt{3}$

（2）$\sqrt[3]{2}-|-\sqrt[3]{2}|$

（3）$|\sqrt{2}-1|+\sqrt{2}$

2. 计算：

（1）$\sqrt{2}(1-\sqrt{2})$ （2）$\sqrt[3]{3}-(3+\sqrt[3]{3})$

3. 计算：

（1）$\left|\sqrt{3}-\sqrt{2}\right|-\left|\sqrt{2}-\sqrt{5}\right|$ 　　　　（2）$\sqrt{\left(\sqrt{3}-2\right)^2}-2\sqrt{3}$

四、教学反思

本节课的教学通过"复习引入"环节和"原理探究"环节，引导学生把旧知识迁移运用到新数域。学生在探究活动中体验知识的生成过程，对新知识的理解更深刻，真正达到深度学习。本节课的教学内容因为和有理数对应的内容联系紧密，教师在处理教材上如果不组织以学生为主体的活动让学生充分体验知识的生成，学生很容易变成被动学习，直接把已有知识（有理数的运算）照搬到实数数域使用，而不去认真思考这样操作的可行性、合理性，停留在浅层学习。在教学设计中加入了"原理探究"这一环节，加入以学生为主体的学习活动，学生就容易深入思考，进行深度学习，提升学习效果。

案例 8 《8.3 二元一次方程组与实际问题 ——行程问题》教学设计

珠海市拱北中学 谢伟东

一、教学目标

1. 知识与技能

能够把行程问题抽象为数学问题，找出实际问题中的已知数和未知数，分析它们之间的数量关系，列出方程组。

2. 过程与方法

经历用方程组解决实际问题的过程，体会方程组是刻画现实世界中含有多个未知数问题的有效数学模型。

3. 情感、态度与价值观

培养学生对复杂问题的处理能力和思路再现的能力，体验数学的实用性，提高学习数学的兴趣。

二、教学重点难点

1. 教学重点

会正确分析实际问题中的等量关系，列出方程组。

2. 教学难点

以线段图或示意图的方式分析题意，找准等量关系。

三、教学过程

（一）课堂引入

1. 写出下列关系式：

路程 = _____；时间 = _____；速度 = _____．

2. 若一条船在静水中的速度为 x km/h，水流的速度为 y km/h，则这条船顺流航行的速度为_____ km/h，逆流航行的速度为_____ km/h.

3. 填空：

顺水速度 = 船在静水中的速度_____水流速度；

逆流速度 = _____．

【设计意图】复习行程问题中常用的数量关系式，使学生能够快速加强新旧知识的联系，为解决本节课的教学难点做好准备，同时克服知识零碎、孤立的浅层学习弊端。

（二）原理探究

行程问题中必须掌握的基本关系式：路程 = 速度×时间。

行程问题中包含的主要类型：相遇问题（相向而行）和追及问题（同向而行）。

特别的，船（飞机）航行问题，要明确相对运动的合速度关系：

顺水（风）速度 = 静水（无风）速度 + 水（风）流速度；

逆水（风）速度 = 静水（无风）速度 − 水（风）流速度。

【设计意图】通过为学生分析行程问题的原理，让学生能够理解行程问题是以往学习过的旧知识的延续，克服对新课学习的恐惧，并能够深度理解本节课的要点。

（三）例题分析

例 1　一条船顺流航行，每小时行 20 千米；逆流航行，每小时行 16 千米．求船在静水中的速度和水流的速度．

例 2　甲、乙二人相距 12 km，二人同时同向而行，甲 3 h 可追上乙；同时相向而行，2 h 相遇．二人的平均速度各是多少？

【设计意图】例 1 属于行程问题中的基本典例，简单分析后就可以列出方程组，目的在于让学生快速解出本题，增强解决此类问题的信心。例 2 属于行程问题中的常见类型，需要学生画出线段图或者简单示意图，让学生体验从基础题型到变式题型，这也是深度学习的特征之一。

（四）形成性练习

两码头相距 360 千米，一艘汽艇顺水航行全程要 9 小时，逆水航行全程要 12 小时，求船在静水中的速度和水流速度．

【设计意图】此题与例 1 相对应，属于简单题型，解题所花时间并不需要太多，主要是再一次强调顺水航行和逆水航行的速度公式，加强对速度、时间、路程三者关系的应用。能够使学生巩固新知，进一步理解行程问题的求解方法。

（五）巩固性练习

甲、乙两人从相距 45 千米的两地相向而行，如果甲比乙先走 2 小时，那么他们在乙走 2.5 小时后相遇；如果乙比甲先走 2 小时，那么他们在甲走 3 小时后相遇．求甲、乙两人的速度分别是多少．

【设计意图】难度提高，要求学生能够画出线段图加以分析，但求解方法本质上不改变，克服刻板思维。

（六）综合性练习

甲、乙二人都以不变的速度在环形路上跑步，如果同时同地出发相向而行，

73

每隔 2 分钟相遇一次；如果同向而行，每隔 6 分钟相遇一次．已知甲比乙跑得快，甲、乙每分钟各跑多少圈？

【设计意图】迁移情境和知识点，巩固学生对前面所学知识的理解，培养学生解决数学问题的能力。

（七）课堂小结

这节课我们收获了什么？

解决行程问题要注意：

（1）做题前先观察单位是否一致，如果不一致的话，先进行单位换算。

（2）分析题目，找到已知量和未知量，弄清楚几个基础量之间的关系。

（3）必要的时候借助线段图或示意图分析题目。

【设计意图】由复习旧知引出新课，构建知识的连接，这是深度学习的要求。

（八）检测反馈

1. 一只船顺水行驶 36 千米和逆水行驶 24 千米的时间都是 3 小时，求船在静水中的速度与水流的速度．

2. 从甲地到乙地有一段上坡路和一段下坡路。如果保持上坡路每小时走 3 千米，平路每小时走 4 千米，下坡路每小时走 5 千米，那么从甲地到乙地需要 54 分钟，从乙地到甲地需要 42 分钟．甲地到乙地全程是多少千米？

3. 某车站有甲、乙两辆汽车，若甲车先出发，1 h 后乙车出发，则乙车出发后 5 h 追上甲车；若甲车先开出 20 km 后乙车出发，则乙车出发 4 h 后追上甲车．求甲、乙两车的速度．

4. 通信员要在规定时间内到达某地，他每小时走 15 千米，则可提前 24 分钟到达某地；如果每小时走 12 千米，则要迟到 15 分钟．求通信员到达某地的路程是多少千米，规定到达的时间是多少小时．

5. 一列快车长 168 米，一列慢车长 184 米，如果两辆车相向而行，从相遇到离开需 4 秒；如果两辆车同向而行，从快车追及慢车到离开需要 16 秒．求两车的速度各是多少．

【设计意图】本环节的设计遵循从易到难的原则，让学生在课后及时对所学知识加以巩固、理解和吸收，有助于学生的自我提升。

四、教学反思

本节课在开头时先复习行程问题中常用的数量关系式，使学生能够快速加强新旧知识的联系，为解决本节课的教学难点做好准备，增强学生学习本节课知识的信心和兴趣，同时克服知识零碎、孤立的浅层学习弊端。

课堂中出现的题目大多与生活实际相关，让学生充分感受到数学来源于生活且应用于生活。最后在设计"检测反馈"环节时遵循从易到难的原则，让学生在课后及时对所学知识加以巩固、理解和吸收，有助于学生的自我提升。

案例 9 《8.3　实际问题与二元一次方程组——方案选择设计问题》教学设计

珠海市红旗中学　张伟婉

一、教学目标

1. 知识与技能
掌握方案选择与设计问题的解决方法。

2. 过程与方法
通过解决方案选择与设计问题，理解并掌握分类讨论思想在实际问题与二元一次方程组中的运用。

3. 情感、态度与价值观
培养学生严谨的学习态度，让学生感受方程组是刻画现实世界的有效数学模型。

二、教学重点难点

1. 教学重点

掌握方案选择与设计问题的解决方法。

2. 教学难点

分类讨论思想在实际问题与二元一次方程组中的运用。

三、教学过程

（一）问题引入

某超市在"五一"期间为顾客实行优惠，规定如表 4 - 1 - 5 所示.

表 4 - 1 - 5

一次性购物	优惠方法
少于 200 元	不予优惠
不少于 200 元但少于 500 元	九折优惠
500 元或多于 500 元	其中 500 元部分给予九折优惠，超过 500 元部分给予八折优惠

问：如果老师两次购物原价总计 820 元，实际付款共计 728 元，且第一次购物的货款少于第二次购物的，求两次购物原价各多少元.

师：今天这节课我们就来学习怎样解决这类多种方案的选择问题。希望通过今天的课堂学习，同学们能帮老师解决前面这个问题。

【设计意图】通过生活中的购物折扣活动设计问题，激发学生解决问题的欲望（但是有一定难度），由此产生学习的内驱力，主动学习，达到深度学习的目的。

（二）原理探究

（1）多方案选择问题涉及多个量（如金额、数量、重量、时间等），不同方案决定了同一组量之间具有不同的数量关系，从而可以列出不同的方程。这类问题通常可以设两个未知数列二元一次方程组解答。

（2）此类问题通常需要运用分类讨论的数学思想。

【设计意图】课前引入的生活中的问题对学生来说难度较大，通过原理探究环节分析解题工具（知识工具、解题工具），为学生解题指明了方向。

（三）例题分析

某电脑公司有 A 型，B 型，C 型三种型号的电脑，其中 A 型每台 6000 元，B 型每台 4000 元，C 型每台 2500 元．某中学现有资金 100500 元，计划全部用于从这家电脑公司购进 36 台两种型号的电脑．请你设计几种不同的购物方案供这个学校选择，并说明理由．

【设计意图】例题涉及的量比较简单，根据"单价×数量＝总价"设未知数列出二元一次方程组。例题没有提供现成的方案，学生需要运用"分类讨论"的数学思想发现所有可能的方案，最终根据每个方程组的计算结果结合实际意义进行取舍，确定可行方案。

（四）形成性练习

某商场计划拨款 9 万元从厂家购进 50 台电视机，已知该厂家生产三种不同型号的电视机，出厂价分别为：甲种每台 1500 元，乙种每台 2100 元，丙种每台 2500 元．

（1）若商场同时购进其中两种不同型号电视机共 50 台，用去 9 万元，请你给出商场所有可能的进货方案．

（2）若商场销售一台甲种电视机可获利 150 元，销售一台乙种电视机可获利 200 元，销售一台丙种电视机可获利 250 元．在同时购进两种不同型号的电视机的方案中，为使销售时利润最多，你选择哪一种进货方案？

【设计意图】本题第（1）问与例题相似，只是产品名称和具体数值变了，但思路不变，学生不难类比例题进行解答。而在此基础之上加上了第（2）问，根据第（1）问得到的所有可行方案，分别计算总利润，再通过比较选择利润最多的方案。

（五）巩固性练习

某牛奶加工厂现有鲜奶 11 吨．在市场上直接销售鲜奶，每吨可获利润 500 元；制成酸奶销售，每吨可获利润 1200 元；制成奶片销售，每吨可获利润 2000 元．若制成酸奶，每天可加工 3 吨；若制成奶片，每天可加工 1 吨．两种方式不能同时进行．受季节的限制，这批牛奶必须在 5 天内加工并销售完毕，为此该厂制定了两套方案：

方案一：尽可能多地制成奶片，其余直接销售鲜牛奶．

方案二：将一部分制成奶片，其余的制成酸奶销售，并恰好 5 天完成．

你认为哪种方案获利润最多？为什么？

【设计意图】本题提供了现成方案而不需要学生设计方案，但本方案设计的量比较多，学生需要先分别求出每种方案制成的各种成品数量，再计算每一种方案的总利润，从而选择利润最多的方案。

（六）综合性练习

"问题引入"环节中的超市优惠问题（题目略）。

【设计意图】在掌握了基本解题思路后，学生尝试解决本节课一开始提出的问题，学以致用，让学生感受到学习的成果，体验成就感，促进学生进行深度学习。

（七）课堂小结

1. 谈谈你的收获。

2. 归纳总结：

（1）分类讨论。

（2）检验是否符合实际意义。

（八）检测反馈

"五一"节前，某商店拟用 1000 元的总价购进 A、B 两种品牌的电风扇进行销售．为更好地销售，每种品牌电风扇都至少购进 1 台．已知购进 3 台 A 种品牌电风扇所需费用与购进 2 台 B 种品牌电风扇所需费用相同，购进 1 台 A 种品牌电风扇与 2 台 B 种品牌电风扇共需费用 400 元．

（1）求 A、B 两种品牌电风扇每台的进价分别是多少元．

（2）销售时，该商店将 A 种品牌电风扇定价为 180 元/台，B 种品牌电风扇定价为 250 元/台，为能在销售完这两种电风扇后获得最大的利润，该商店应采用哪种进货方案？

四、教学反思

创设情境问题引入激发学生学习兴趣，学生学习内驱力增强，主动学习意识提高，促使学生进入深度学习。例题和层层递进的练习题使用不同的背景、不同的情境，促使学生知识迁移运用，而问题的设置方面也采用了变式问题，从已知方案分类到已知方案分类要求选择合适的或最优的方案，再到未知方案分类需要学生自己分类讨论可能方案，使得例题习题难度梯度逐渐提升，层层深入，学生自然进入深度学习。

案例 10 《一次函数背景下三角形的面积问题》教学设计

珠海市湾仔中学　吴少丽

一、教学目标

1. 知识能力目标

（1）会根据一次函数的图像和性质求解相关三角形的面积。

（2）会归纳和总结求解一次函数中任意三角形面积的方法。

2. 核心素养目标

（1）利用一次函数的图像与性质，建构一次函数与三角形的面积相关的基本模型。

（2）在探究过程中，提升分析推理能力，结合数形结合、分类讨论等思想方法，形成解决问题的基本策略。

（3）从具体模型和具体数据出发，归纳总结基本模型和基本方法。

3. 情感、态度目标

通过一系列问题的探究，逐渐培养学生与他人交流合作的意识和探究精神。

二、教学重点难点

1. 教学重点

利用一次函数的图像与性质解决有关三角形的面积问题。

2. 教学难点

对求一次函数中三角形面积的方法进行系统的归纳和应用。

三、教学过程

（一）课堂引入

1. 如图 4 - 1 - 6，已知点 A 的坐标是（1，3），表示点 A 到 x 轴的距离为_____，到 y 轴的距离为_____.

2. 已知点 B 在 x 轴上方，且到 x 轴的距离为 2，到 y 轴的距离为 0，则点 B 的坐标为_____.

3. 直线 AB 的解析式为____.

4. 直线 AB 与 x 轴交于点 C，点 C 的坐标为_____.

5. $\triangle BOC$ 的面积为_____.

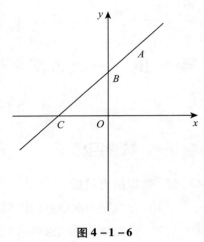

图 4 – 1 – 6

问题：$\triangle BOC$ 的边都与坐标轴重合，因此求面积的过程比较简便。如果三角形的边不与坐标轴重合，如何求面积呢？

教师活动：引导学生回顾一次函数的相关性质。

学生活动：回忆一次函数的图像与性质以及三角形面积公式，独立完成问题并回答。

【设计意图】 复习引入，一次函数图像的学习，点和线是关键。由点到线，由线到点，由线到面，引导学生建立学习系统，通过分析点、线、面之间的联系，形成学习的方法。

（二）原理探究

探究一：

如图 4 – 1 – 7，连接 OA，请解决以下问题：

问题1　求 $\triangle AOC$ 的面积.

问题2　求 $\triangle AOB$ 的面积.

问题3　根据以上探究，你能发现什么？

问题4　若 A 点坐标为 $(x，y)$，则 $\triangle AOC$ 的面积为_____，$\triangle AOB$ 的面积为_____.

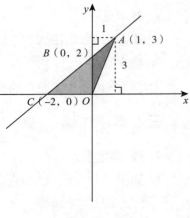

图 4 – 1 – 7

归纳总结：三角形的一边与坐标轴重合或平行，求面积时以这条边作为底边，以第三个顶点的横坐标或纵坐标的绝对值作为高。

师生活动：学生根据问题引导，独立思考，完成探究，教师梳理学生探究结果，引导学生用规范简洁的语言总结探究的结果。

【设计意图】以问题的形式引导学生对面积问题进行探究，提升学生逻辑推理的能力，遵循从具体到抽象的原则，引导学生学会归纳和总结。

探究二：

如图4-1-8所示：

问题1 点 P 在 x 轴上，坐标为（2，0），则△ABP 的面积为多少？

问题2 点 P 在 y 轴上，坐标为（0，4），则△ACP 的面积为多少？

问题3 根据以上探究，你能发现什么？

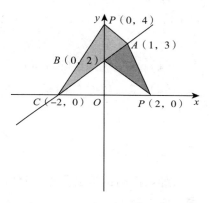

归纳总结：三角形的边都不与坐标轴重合或平行，求面积时可以利用割补法。

图4-1-8

师生活动：学生独立思考，然后以小组交流的形式完成探究。教师梳理学生探究结果，并进行适当的点拨和评价。

【设计意图】探究二主要研究任意的三角形，即三角形三边都不与坐标轴重合或平行的情况。建构基本模型，总结基本方法：割补法。

探究三：

如图4-1-9所示：

变式：已知 x 轴上一点 P，使得 $S_{\triangle ABP} = 2S_{\triangle BOC}$，求 P 点的坐标．

分析：点 P 在正负 x 轴的位置。

分类讨论：

（1）点 P 在 x 轴正半轴。

（2）点 P 在 x 轴负半轴。

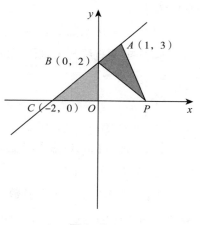

图4-1-9

师生活动：学生独立思考，在学案上完成，然后上台讲解。教师巡查学生完成情况，引导学生进行归纳总结。

【**设计意图**】探究三的问题既是对探究二的巩固，也是探究二的提升，综合考查学生分析问题的能力，体现数学中分类讨论的思想，这是几何问题中非常常见的思想方法。

（三）例题分析

如图 4 – 1 – 10，一次函数 $y = kx + b$ 的图像经过 $P（1，4）$ 和 $Q（4，1）$ 两点，且与 x 轴相交于点 A.

（1）求一次函数的解析式；

（2）求 $\triangle POQ$ 的面积。

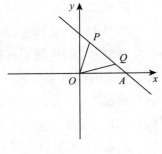

图 4 – 1 – 10

师生活动：学生思考，分析思路；教师板书解答过程，梳理关键信息，呈现一题多解。

【**设计意图**】强化分析思路，规范书写过程，突出一题多解。

（四）形成性练习

如图 4 – 1 – 11，一次函数 $y = kx + b$ 的图像与直线 $y = \dfrac{3}{4}x$ 交于点 $A（4，3）$，与 y 轴交于点 B，且 $OA = OB$.

（1）求一次函数的表达式；

（2）求两直线与 y 轴围成的三角形的面积。

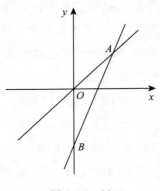

图 4 – 1 – 11

【**设计意图**】巩固基本模型，熟悉基本方法。

（五）巩固性练习

如图 4 – 1 – 12，一次函数 $y = kx + b$ 经过点 $A（-2，6）$，且与 x 轴相交于点 B，与正比例函数 $y = 3x$ 的图像相交于点 C，点 C 的横坐标为 1.

（1）求 k，b 的值；

（2）若点 D 在 y 轴上，且 $S_{\triangle BCD} = 2S_{\triangle BOC}$，求点 D 的坐标.

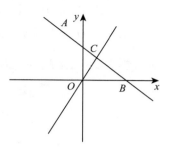

图 4 - 1 - 12

【**设计意图**】提升学生的应用能力，强化分类讨论和数形结合等思想方法。

（六）综合性练习

如图 4 - 1 - 13，平面直角坐标系中，直线 AB：$y = -\dfrac{1}{3}x + b$ 交 y 轴于点 A（0，1），交 x 轴于点 B. 过点 E（1，0）且垂直于 x 轴的直线 DE 交 AB 于点 D，P 是直线 DE 上一动点，且在点 D 的上方，设 P（1，n）.

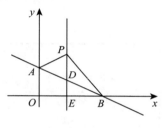

图 4 - 1 - 13

（1）求直线 AB 的解析式和点 B 的坐标；

（2）求 $\triangle ABP$ 的面积（用含 n 的代数式表示）.

【**设计意图**】由具体到抽象，提升思维训练，增强数学抽象意识。

（七）课堂小结

一次函数背景下求三角形面积的两种常见的方法是：

（1）_____

（2）_____

（八）检测反馈

如图 4 - 1 - 14，一次函数 $y = kx + b$ 的图像经过点 A（0，9），并与直线 $y = \dfrac{5}{3}x$ 相交于点 B，与 x 轴相交于点 C，其中点 B 的横坐标为 3.

（1）求 B 点的坐标和 k，b 的值；

（2）点 Q 为直线 $y = kx + b$ 上一动点，当点 Q 运动到何位置时 $\triangle OBQ$ 的面积等于 $\dfrac{27}{2}$？请求出点 Q 的坐标.

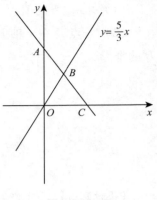

图 4 - 1 - 14

【**设计意图**】综合考查学生对本节课知识的掌握情况。

板书设计

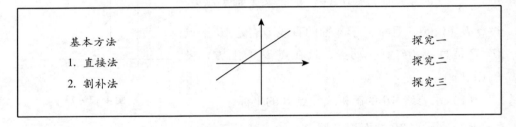

基本方法   探究一

1. 直接法   探究二

2. 割补法   探究三

四、教学反思

本节课的重点是探究一次函数背景下三角形面积的求法，设计的核心紧紧围绕学生的探究活动进行，归纳总结三角形面积的两种常见的求法是直接法和割补法。

从引入到整个探究过程都是由一个基本图形进行变形和基本条件进行变式展开，体现数学中归一的思想方法。从最基本的点和直线出发，回顾一次函数的图像与性质，建构基本图形，在基本图形的基础上，增加点线，变换条件，以设置问题串的形式，层层递进展开探究。探究活动主要以学生独立思考和小组合作的方式进行，充分体现学生的主体地位，让学生在经历知识产生过程的同时体会数学思想方法，学会分析问题，学会及时总结，这正是深度学习的基本要求。学生能对知识进行有效迁移，将以前学过的思想方法应用于新课的探究中，对图形的解读和条件的分析都比较到位，学习的主动性较强，课堂参与度较高。

函数与几何图形的结合，特别是与三角形的结合是历年考查的热点，也是难点，函数背景下三角形的面积问题是其中一个重要的内容，它对学生的综合能力有较高的要求，分析和解决问题过程中常用的思想方法有数学建模、数形结合、分类讨论、转化与划归等，通过本节课的学习，能很好地发展学生的数学核心素养。从课堂上发现，学生具有一定逻辑推理能力和归纳总结能力，但数学建模能力有待加强，图形的敏感度需要提升，转化与划归等思想方法的掌握不够灵活。其实函数的学习，存在很多的共性，一次函数的研究方法与后面学习反比例函数和二次函数的方法基本一致，所以需要学生不断提升对函数模型的研究能力。

案例 11 《21.1 一元二次方程》教学设计

珠海市第七中学　鹿建国

一、教学目标

1. 知识与技能
（1）理解一元二次方程概念。

（2）掌握一元二次方程的一般形式，能将一个一元二次方程化为一般形式。

（3）理解二次根式的根的概念，会判断一个数是否是一个一元二次方程的根。

2. 过程与方法
（1）通过根据实际问题列方程，向学生渗透知识来源于生活。

（2）通过观察、思考、交流，获得一元二次方程的概念及其一般形式。

（3）经历观察、归纳一元二次方程的概念，一元二次方程的根的概念。

3. 情感、态度与价值观
通过生活学习数学，并用数学解决生活中的问题，以此激发学生的学习热情。

二、教学重点难点

1. 教学重点
一元二次方程的概念、一般形式和一元二次方程的根的概念。

2. 教学难点

通过提出问题，建立一元二次方程的数学模型。

三、教学过程

（一）课堂引入

我们学习了一元一次方程、二元一次方程组、可化为一元一次方程的分式方程，深刻体会运用方程方法解决许多数学问题的优越性。方程是常见的一种数学方法。从这节课开始学习一元二次方程知识。

【设计意图】联系曾经学习过的方程知识衔接本节，明确本节课内容。

（二）原理探究

1. 探究课本问题 2

问题串一：

（1）参赛的每两个队之间都要比赛一场是什么意思？

（2）全部比赛场数是多少？若设应邀请 x 个队参赛，如何用含 x 的代数式表示全部比赛场数？

整理所列方程后观察：

（1）方程中未知数的个数和次数各是多少？

（2）下列方程中和上题的方程有共同特点的方程有哪些？

$4x - 6 = 0$；$x^3 + 4x + 9 = 0$；$y^2 - \dfrac{1}{2}y + 3 = 0$；$2x + \dfrac{1}{x^2} - 4 = 0$；$x - 7y^2 + 50 = 0$；$x^2 - 3x + 5 = 0$

归纳：

一元二次方程定义：_____。

分析：首先它是整式方程，然后未知数的个数是 1，最高次数是 2。

【设计意图】通过比较，归纳一元二次方程的概念，从而为概念辨析做准备。

2. 介绍一元二次方程的一般形式

问题串二：

（1）为什么规定 $a \neq 0$？b，c 有要求吗？

（2）方程左边各项之间的运算关系是什么？

【设计意图】识记、理解相关概念。

3. 特殊形式

$a x^2 + bx = 0$（$a \neq 0$）；$ax^2 + c = 0$（$a \neq 0$）；$ax^2 = 0$（$a \neq 0$）

【设计意图】通过对比，迁移提高。

4. 一元二次方程的根的概念

类比一元一次方程的根的概念，获得一元二次方程的根的概念。

（三）例题分析

分析：类比一元一次方程的去括号、移项、合并同类项，进行同解变形，化为一般形式后再写出各项系数，注意方程一般形式中的"－"是性质符号负号，不是运算符号减号。

问题串三：

下面哪些数是方程 $x^2 + 5x + 6 = 0$ 的根？

－4，－3，－2，－1，0，1，2，3，4

【设计意图】对一元二次方程的根的情况初步感知。

（四）形成性练习

课本练习。

【设计意图】使学生巩固提高，了解学生掌握情况。

（五）巩固性练习

1. 在下列方程中，一元二次方程的个数是（　　　）

① $a x^2 + bx + c = 0$　　② $3x^2 + 7 = 0$　　③ $3x^2 + \dfrac{4}{x} = 0$　　④ $(x - 2)(x + 5) = x^2 - 5$

A. 1 个　　　　　　B. 2 个　　　　　　C. 3 个　　　　　　D. 4 个

2. 若关于 x 的方程 $(a - 1)x^2 + 5x = 0$ 是一元二次方程，则 a 的范围是＿＿.

3. 已知方程 $5x^2 + mx - 6 = 0$ 的一个根是 $x = 3$，则 m 的值为＿＿＿＿＿＿＿.

4. 关于 x 的方程 $(2m^2 + m)x^{m+1} + 3x = 6$ 可能是一元二次方程吗？

（六）综合性练习

问题串四：

1. 你能用以前所学的知识求出下列方程的根吗？

（1）$x^2 - 8 = 0$　　　　　　　　　　　　（2）$x^2 + 18 = 0$

（3） $x^2 + 2x + 1 = 0$ (4) $x^2 - 8x = 0$

2. 思考：一元一次方程一定有一个根，一元二次方程呢？

3. 课本排球邀请赛问题中，所列方程 $x^2 - x = 56$ 的根是 8 和 -7，但是答案只能有一个，应该是哪个？

归纳：

（1）一元二次方程的根的情况。

（2）一元二次方程的解要满足实际问题。

【**设计意图**】使学生巩固提高，培养讨论根的合理性习惯。

（七）课堂小结

1. 一元二次方程的概念及其一般形式，能将一个一元二次方程化为一般形式，并正确指出其各项系数。

2. 一元二次方程的根的概念，能判断一个数是否是一个一元二次方程的根。

【**设计意图**】纳入知识系统。

（八）作业

必做：人教版九年级数学上册 P4 第 1、2、4 题。

选做：人教版九年级数学上册 P4 第 6、7 题。

四、教学反思

一元二次方程是后续学习二次函数的基础，是初中教材中一个重要的内容。通过这节课的教学，笔者有如下几点体会：第一，以问题为主线，设置问题串（10 个问题），引导学生思考，从而对概念、题目有更加深刻的认识和理解。第二，本节课知识的呈现不是以讲解为主的方式，也不是以单一的知识为线条，而是在突出数学知识的同时，将数学知识和结论融于数学活动之中。这样的探究学习过程中，学生的数学知识是通过观察、讨论、归纳得到的。第三，类比之前学习一元一次方程、二元一次方程组等方程的探究方法，教学过程自然流畅，教学目标能很好达成，同时为学生提供了方程学习的一般路径和思想方法，对学生今后学习其他方程起了重要的借鉴作用。

案例 12 《一元二次方程复习课》教学设计

珠海市城东中学　刘 丽

一、教学目标

1. 了解一元二次方程的四种解法及特点，会根据不同方程的特点选择恰当的方法解方程。

2. 了解一元二次方程根的判别式的意义，能用一元二次方程根的判别式判别方程是否有实数根以及两实数根是否相等。

3. 了解韦达定理，能够进行简单的根与系数的关系的运算。

4. 会根据简单的实际问题找准数量关系列出一元二次方程，能够从不同问题情境中抽象出数学模型，体会方程思想和数学建模思想。

二、教学重点难点

1. 教学重点

一元二次方程四种解法及灵活运用；根的判别式；找出等量，利用一元二次方程解决实际问题。

2. 教学难点

灵活选用不同方法解方程；根的判别式和韦达定理的灵活应用；建立数学模型，找出等量关系，求解实际问题。

三、教学过程

（一）课堂导入

5 分钟小测。昨天我们一起复习了一次方程的解法和应用，下面让我们一起复习一元二次方程的解法与应用。

【设计意图】通过小测和复习，唤醒学生一元二次方程知识的记忆，为接下来进一步复习做好准备。

（二）知识点复习

1. 一元二次方程

（1）定义：只含一个未知数，且未知数的最高次数是 2 的整式方程。

（2）解法：①直接开方法；②因式分解法；③配方法；④公式法。

一元二次方程 $ax^2 + bx + c = 0$（$a \neq 0$）的求根公式：$x = \dfrac{-b \pm \sqrt{b^2 - 4ac}}{2a}$。

2. 一元二次方程根的判别式：$\Delta = b^2 - 4ac$

（1）$\Delta > 0 \Leftrightarrow$ 方程有两个不相等的实数根；

（2）$\Delta = 0 \Leftrightarrow$ 方程有两个相等的实数根；

（3）$\Delta < 0 \Leftrightarrow$ 方程无实数根；

（4）$\Delta \geqslant 0 \Leftrightarrow$ 方程有实数根。

3. 一元二次方程根与系数的关系（韦达定理）

若 x_1，x_2 是关于 x 的一元二次方程 $ax^2 + bx + c = 0$（$a \neq 0$）的根，则 $x_1 + x_2$ $= -\dfrac{b}{a}$，$x_1 x_2 = \dfrac{c}{a}$。

注意：韦达定理的适用条件是 $\Delta \geqslant 0$。

4. 一元二次方程的应用

常考类型及公式：

（1）面积问题：$S_{矩} = 长 \times 宽$，$S_{\triangle} = \dfrac{1}{2} \times 底 \times 高$；

（2）增长率问题：原量 $(1 + x)^2 =$ 新量；

（3）互赠、握手问题：x 人互赠为 $x(x-1)$，x 人两两握手为 $\dfrac{1}{2}x(x-1)$；

（4）营销问题：总利润 =（一件利润）×（销售量）；等等。

【设计意图】全面复习一元二次方程的概念、解法、根的判别式、韦达定理，应用知识。

（三）例题讲解

例1 解一元二次方程：

（1）$(x-1)^2 = 9$ （2）$x^2 - 2x - 8 = 0$

例 2 （2020·安徽）下列方程中，有两个相等实数根的是（　　）

A. $x^2 + 1 = 2x$　　B. $x^2 + 1 = 0$　　C. $x^2 - 2x = 3$　　D. $x^2 - 2x = 0$

例 3 （2020·泰州）若方程 $x^2 + 2x - 3 = 0$ 的两根为 x_1，x_2，则 $\dfrac{x_1 + x_2}{x_1 x_2}$ 的值为_____．

例 4 （2020·遵义）如图 4-1-15，把一块长为 40 cm，宽为 30 cm 的矩形硬纸板的四角剪去四个相同小正方形，然后把纸板的四边沿虚线折起，并用胶带粘好，即可做成一个无盖纸盒．若该无盖纸盒的底面积为 600 cm²，设剪去的小正方形的边长为 x cm，则可列方程为（　　）

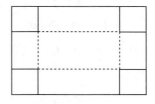

图 4-1-15

A. $(30 - 2x)(40 - x) = 600$　　　　B. $(30 - x)(40 - x) = 600$

C. $(30 - x)(40 - 2x) = 600$　　　　D. $(30 - 2x)(40 - 2x) = 600$

【设计意图】通过例题练习，了解学生对于一元二次方程解法、根的判别式、韦达定理及简单应用题的掌握情况。

（四）形成性练习

（2020·黔西南布依族苗族自治州）已知关于 x 的一元二次方程 $(m-1)x^2 + 2x + 1 = 0$ 有实数根，则 m 的取值范围是（　　）

A. $m < 2$　　　　　　　　　　B. $m \leqslant 2$

C. $m < 2$ 且 $m \neq 1$　　　　　　D. $m \leqslant 2$ 且 $m \neq 1$

【设计意图】通过练习，了解学生对根的判别式及概念的运用。

（五）巩固性练习

已知关于 x 的一元二次方程 $x^2 + 5x - m = 0$ 的一个根是 2，求 m 的值及另一根．

【设计意图】通过变式练习，进一步掌握求一元二次方程的根的方法。

（六）拓展性练习

（2020·广东）已知关于 x，y 的方程组 $\begin{cases} ax + 2\sqrt{3}y = -10\sqrt{3} \\ x + y = 4 \end{cases}$ 与 $\begin{cases} x - y = 2, \\ x + by = 15 \end{cases}$ 的解相同．

（1）求 a，b 的值；

（2）若一个三角形的一条边的长为 $2\sqrt{6}$，另外两条边的长是关于 x 的方程 $x^2 + ax + b = 0$ 的解．试判断该三角形的形状，并说明理由．

【设计意图】加深难度，综合运用知识求解一元二次方程问题。

（七）课堂小结

一元二次方程的概念、解法、根的判别式、求根公式、韦达定理和应用题类型。

【设计意图】让学生自己说出来，提高学生的表达能力和归纳能力。

（八）检测反馈

1. 解方程：$(x - 3)(x - 1) = 3$.

2.（2020·河南）国家统计局统计数据显示，我国快递业务收入逐年增加．2017 年到 2019 年我国快递业务收入由 5000 亿元增加到 7500 亿元．设我国 2017 年到 2019 年快递业务收入的年平均增长率为 x，则可列方程为（　　　）

　　A. $5000(1 + 2x) = 7500$

　　B. $5000 \times 2(1 + x) = 7500$

　　C. $5000(1 + x)^2 = 7500$

　　D. $5000 + 5000(1 + x) + 5000(1 + x)^2 = 7500$

3. 新华商场销售某种冰箱，每台进货价为 2500 元，调查发现，当销售价为 2900 元时，平均每天能售出 8 台；而当销售价每降低 50 元时，平均每天就能多售出 4 台．商场要想使这种冰箱的销售利润平均每天达到 5000 元，每台冰箱的定价应为多少元？

4. 我市开展"市长杯"足球比赛，赛制为单循环形式（每两队之间赛一场）．现计划安排 21 场比赛，应邀请多少支球队参赛？设邀请 x 支球队参赛，根据题意，可列方程_____．

【设计意图】通过练习了解学生的学习情况。

（九）作业

1.《零障碍中考》P22—23，A 组、B 组，课时作业本 A 组、B 组、C 组（选做）。

2. 预习分式方程的解法及应用。

【**设计意图**】设计不同层次的作业，让不同水平的学生都能获得不同的训练。

四、教学反思

1. 从课堂效果分布来看，知识内容容量较多，整堂课布置得较紧凑。

2. 从学生反馈来看，配方法掌握较差，一元二次方程的应用掌握较差，主要问题集中在对应用题的理解方面。

第二节 空间与图形

案例1《4.2 直线、射线、线段（2)》教学设计

珠海市第十三中学 林泽珊

一、教学目标

1. 知识与技能

（1）掌握比较线段长短的三种方法并会应用。

（2）能用尺规作一条线段等于已知线段。

（3）理解线段的中点以及线段的数量关系。

2. 过程与方法

通过现实问题引导学生积极探索，从而掌握比较线段长短的方法，并能用所学方法解决一些简单的实际问题。

3. 情感、态度与价值观

积极参与数学活动，体会数学是解决实际问题的工具，通过对解决问题过程的反思，懂得知识源于生活并应用于生活。

二、教学重点难点

1. 教学重点

作一条线段等于已知线段，线段中点的定义，以及线段的数量关系。

2. 教学难点

线段中点的应用。

三、教学过程

（一）课堂引入

1. 活动

如何比较两名同学的身高？

请两名同学上讲台，让台下的同学出点子来比较他们的身高。

2. 小组合作

类比比较身高的方法，讨论出两条线段比较长短的方法。

（教师演示，引导学生如何用度量法和叠合法进行比较线段长短，引导学生利用数学语言总结出线段比较结果。学生独立思考，动手操作，探索出比较方法，并让学生进行示范。）

3. 方法总结

（1）目测法。

（2）度量法：用刻度尺分别量出它们的长度进行比较。

（3）叠合法：用一条线段移到另一条线段上，端点对齐的方法进行比较。

①$AB < CD$，点 B 在线段 CD 上；②$AB > EF$，点 B 在线段 EF 外；③$AB = GH$，点 B 和点 H 重合。

【设计意图】以实例引入，贴近生活，提出简单问题，吸引学生注意力，激发学生的学习兴趣。培养学生探究能力，并引导学生归纳、概括。通过类比探究，培养学生类比推导能力。鼓励学生积极探索，通过动手操作加强学生对线段长短方法的理解与掌握。通过实践操作加深对知识的理解，是深度学习理念下的一种重要的教学方式。

（二）原理探究

探究一：尺规作图，作一条线段等于已知线段，

（1）思考：如图 4 - 2 - 1，如果只有圆规，你能比较出边 BA 与 BC 的长短吗？

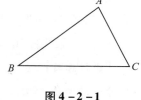

图 4 - 2 - 1

（2）教师示范：用直尺、圆规作一条线段等于已知线段 a。

（教师引导学生由比较线段长度的方法得出作一条线段等于已知线段的画法，并在黑板上板书示范，学生在学案上跟着教师一起画。）

（3）合作探究：利用直尺和圆规作一条线段，使它等于两条已知线段的和 $a+b$ 及差 $a-b$。

（4）动手作图：已知线段 a，画出一条线段，使它等于 $2a$。

【设计意图】引导学生通过分析总结，探索出作一条线段等于已知线段的方法，培养学生几何作图能力；通过学会画一条线段等于两条已知线段和及差的画法，体会从代数加减到线段加减的过渡；并通过第（4）题作图，可让学生理解线段的倍数关系，为后面学习线段的中点起铺垫作用，建立知识之间的联系，体现了深度学习的理念。

探究二：线段的中点

（1）介绍线段中点的定义。

定义：一个点把线段分成相等的两部分，则这个点称为线段的中点。

（2）探索由中点产生的线段间的数量关系：

① 相等关系；

② 2 倍关系；

③ $\frac{1}{2}$ 倍关系。

（教师引导学生通过观察"探究一"第（4）题所作图形，给出线段中点定义。引导学生通过观察，总结出由中点产生的线段间的数量关系。）

判断：

（1）若 P 是线段 AB 的中点，则 $AP=BP$；

（2）如果线段 $AP=BP$，则 P 是线段 AB 的中点。

【设计意图】通过判断，强化线段中点需满足两个条件：（1）点在线段上；（2）分得的两条线段长度相等，进一步强化学生对线段中点定义的理解和挖掘。

（3）类比探究三等分点、四等分点。

教师通过作图和多媒体展示三等分点、四等分点，让学生通过类比归纳出存在的线段间的数量关系。

【设计意图】引导学生找出由线段中点所产生的线段间的数量关系，培养学生善于观察的能力，并通过类比，从特殊到一般培养学生类比推导能力以及运用数学语言表述的能力。

（三）例题分析

例1 如图 $4-2-2$，点 C 在线段 AB 上．

（1）若 $AC=3$，$BC=5$，求 AB 的长．

（2）若 $AB=10$，$AC=4$，求 BC 的长．

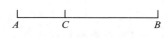

图 $4-2-2$

例2 如图 $4-2-3$，点 D 是 AC 的中点，$AC=8$，$BC=3$，求 BD 的长．

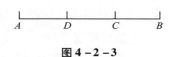

图 $4-2-3$

【设计意图】通过例1让学生体会线段的加减实际上就是线段长度的加减，例2是在线段的计算中加入了对中点产生的线段间的数量关系的应用。

（四）形成性练习

如图 $4-2-4$，$AB=13$，$BC=3$，D 是 AC 的中点，求 AD.

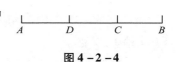

图 $4-2-4$

（五）巩固性练习

如图 $4-2-5$，C，D 是线段 AB 上的点，$AD=7$ cm，$CB=7$ cm.

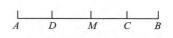

图 $4-2-5$

（1）线段 AC 与 DB 相等吗？请说明理由．

（2）如果 M 是 CD 的中点，那么 M 是 AB 的中点吗？请说明理由．

（六）综合性练习

如图 $4-2-6$，线段 $AB=1$，点 A_1 是线段 AB 的中点，点 A_2 是线段 A_1B 的中点，点 A_3 是线段 A_2B 的中点……依次类推，点 A_n 是线段 $A_{n-1}B$ 的中点．

（1）线段 A_5B 的长为_____；

（2）线段 A_nB 的长为_____.

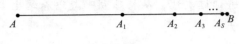

图 4 - 2 - 6

【设计意图】通过形成性练习，进一步强化学生对线段中点定义的理解和应用；通过巩固性练习，让学生掌握通过线段的加减获得线段长度的数量关系的方法，进一步加深对线段间运算的理解；通过综合性练习开阔学生的思维，运用从特殊到一般的数学思想解决问题，巩固对中点定义的理解。三道练习题难易程度从低到高，体现了深度学习由浅入深、循序渐进的特点。

（七）课堂小结

1. 本节课你学到了什么？

2. 以填空形式展示小结。

线段长短的比较方法，作一条线段等于已知线段 a，线段中点的定义及其性质。

（学生归纳，教师补充。）

（八）作业

1. 必做：课本配套练习册 P100 第 1、3、4、6 题，P102 第 3、5、7 题，P104 第 1、2 题。

2. 选做：P104 第 3、5 题。

四、教学反思

深度学习是指在教师引领下，学生围绕着具有挑战性的学习主题，全身心积极投入课堂，积极参与，体验成功，从而获得发展的有意义学习的过程。上述案例是初中数学"图形与几何"板块的内容，教学对象是刚从小学升到初中的七年级学生，他们的思维习惯还处在形象思维向抽象思维的转化阶段。初中数学新课程标准中指出，此节内容要求学生会比较线段的长短，理解线段的和、差，以及线段中点的意义。

1. 本案例的教学设计从一个比身高的小活动引入，抓住了初中学生的心理特点，通过这个他们感兴趣的活动提高了学生的学习积极性。

2. 从比身高的实例抽象到比较线段的长度，引导学生类比生活中的例子，来归纳出数学中的方法。由叠合法进一步追问"如果只有圆规，如何比较出线段的长短"，引出尺规作图的内容，采取了设置问题及追问的形式，引发学生的深度思考。

3. 通过合作探究作一条线段，使它等于两条已知线段的和 $a+b$ 及差 $a-b$，将学生认知中的代数加减延伸到了平面几何中的线段加减，形成知识链与知识网，体现了深度学习的特点。

4. 练习的设计分为形成性练习、巩固性练习、拓展性练习，三组练习具有内在的结构性，发挥着不同的功能。形成性练习考查中点是什么，培养了学生的批判性思维；巩固性练习考查中点性质的简单应用，培养了学生对知识的应用能力；综合性练习开阔学生的思维，增强对数学的情感。

本案例中，教师通过设计丰富的课堂活动提高学生的课堂参与度，促进学生深度思考、深度探究、深度碰撞、深度拓展，让深度学习真正发生。在这样的学习模式下，教师只是课堂的引领者，学生才是课堂的主人，充分发挥了学生的主观能动性，让学生主动、积极探索，在经历知识产生的过程后，真正将知识进行内化，从而发展利用数学知识去解决实际问题的能力，形成数学的思维模式。因此，开展基于深度学习的初中数学教学设计研究，有助于真正落实对学生数学核心素养的培养。

案例 2 《线段的性质》教学设计

珠海市拱北中学　谢伟东

一、教学目标

1. 结合图形认识线段间的数量关系，学会比较线段的大小。

2. 利用丰富的活动情境，让学生体验"两点之间，线段最短"的性质，并能初步应用。

3. 知道两点之间的距离、线段的和、线段的差和线段中点的含义。

二、教学重点难点

1. 教学重点

线段大小比较，线段的性质。

2. 教学难点

线段的和，线段的差，线段中点、三等分点、四等分点的表示方法及运用。

三、教学过程

（一）课堂引入

1. 问题

为什么有些人过马路到对面时，不选择远处的红绿灯斑马线经过，而是选择直穿马路？

2. 自主学习

（1）两点的所有连线中，_____最短，简单说成_____，_____.

（2）连接两点间的_____，叫作这两点的距离.

（3）线段的中点：线段被某一个点分成相等的两部分，则这个点叫作这条线段的_____.

【设计意图】提出简单的问题，吸引学生的注意力，激发学生自主学习的兴趣和积极性，从而自然引入新课。

（二）原理探究

线段公理：两点之间，线段最短。通过几个简单的案例即可让学生明白其中蕴含的数学道理，属于不需要证明的知识点。

思考：如果不走直线，改成绕行或走曲线，路程是否变长？

【设计意图】线段公理的探究和理解比较简单，让学生能够把生活实际抽象为数学概念，并能够加以理解。

（三）例题分析

1. 观察图 $4-2-7$，$AB+AC$ 和 BC 谁小？$DC+CE$ 和 DE 谁小？

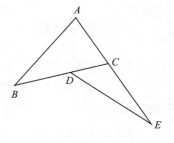

图 $4-2-7$

2. 如图 4 - 2 - 8，把河道由弯曲改直，根据
_____说明这样做能缩短航道．

图 4 - 2 - 8

3. 如图 4 - 2 - 9，从 A 到 B 有 3 条路径，最短
的路径是③，理由是（　　）

A. ③是直的

B. 两点确定一条直线

C. 两点间距离的定义

D. 两点之间，线段最短

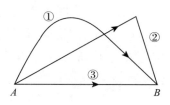

图 4 - 2 - 9

【设计意图】通过提出问题，比较观察，让学生得出"两点之间，线段最短"的性质，并体会在实际生活中的应用。

（四）形成性练习

1. 线段 $AB = 8$ cm，C 是 AB 的中点，D 是 BC 的中点，A、D 两点间的距离
是_____ cm.

2. 如果 A，B，C 三点在同一直线上，且线段 $AB = 4$ cm，$BC = 2$ cm，那么
AC 两点之间的距离为（　　）

A. 2 cm　　　　B. 6 cm　　　　C. 2 cm 或 6 cm　　D. 无法确定

3. 如图 4 - 2 - 10 所示，从 A 地到达 B 地，最短
的路线是（　　）

A. $A→C→E→B$

B. $A→F→E→B$

C. $A→D→E→B$

D. $A→C→G→E→B$

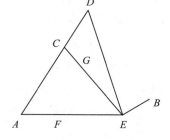

图 4 - 2 - 10

4. 如图 4 - 2 - 11，学生要去博物馆参观，从学校 A 处到博物馆 B 处的路径共有（1）（2）（3）三条．为了节约时间，尽快从 A 处赶到 B 处，假设行走的速度不变，你认为应该走第_____（只填序号）条线路最快，理由是_____．

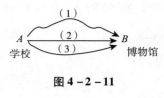

图 4 - 2 - 11

【设计意图】巩固新知识，进一步体验"两点之间，线段最短"的性质。

（五）巩固性练习

1. 已知在直线 a 上有两点 A，B，且 $AB = 12$ cm，点 C 也在直线 a 上且距 B 点距离为 4 cm，D 为 AC 的中点，E 为 BC 的中点，求线段 DE 的长．

2. 如图 4 - 2 - 12，在一条笔直的公路 a 两侧，分别有 A、B 两个村庄，现要在公路 a 上建一个汽车站 C，使汽车站到 A，B 两村距离之和最小，问汽车站 C 的位置应该如何确定．

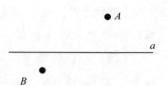

图 4 - 2 - 12

【设计意图】题 1 考查了学生对中点定义的理解，并能够尝试用分类讨论的思想去解决问题。题 2 结合了"将军饮马"的问题加以变形，目的在于让学生更充分理解线段公理。

（六）综合性练习

1. 平原上有 A，B，C，D 四个村庄，如图 4 - 2 - 13 所示，为解决当地缺水问题，政府准备投资修建一个蓄水池，不考虑其他因素，请你画图确定蓄水池 H 的位置，使它与四个村庄的距离之和最小．

图 4 - 2 - 13

2. 如图 4-2-14 所示，一只蚂蚁想从 A 点沿正方体表面爬到 B 点，走哪一条路最近？请你试着画出这条最短的路线，并说明理由．

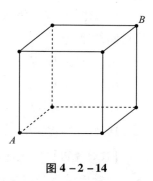

图 4-2-14

【设计意图】题 1 是对"两点之间，线段最短"的公理进行了引申和复杂化，考查学生对知识的理解能力。题 2 是把平面问题立体化，培养学生的抽象思维。

（七）课堂小结

1. 两点距离的定义。

注意：两点的距离表示的是一个长度，是一个数值，而线段本身是图形，因此不能把 A，B 两点的距离说成是线段 AB。

2. 线段的性质——两点之间，线段最短。

【设计意图】通过化归、小结加深学生对本节课知识点的理解。

（八）检测反馈

1. 下列说法正确的是（　　　）

A. 连接两点的线段叫两点间的距离

B. 在所有连接两点的线中，线段不一定是最短的

C. 线段 AB 就是表示点 A 到点 B 的距离

D. 点 A 到点 B 的距离，就是线段 AB 的长

2. 已知甲是经过校正的直尺，则图 4-2-15 中的乙一定不是直的，其原因是（　　　）

A. 过一点可以画无数条直线

B. 点动成线

C. 两点之间，线段最短

D. 两点确定一条直线

图 4-2-15

3. 如图 4－2－16 所示，从 *A* 村出发到 *B* 村去的
最近路线是（　　　）

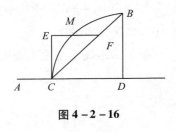

图 4－2－16

A. *A* － *C* － *D* － *B*

B. *A* － *C* － *F* － *B*

C. *A* － *C* － *E* － *F* － *B*

D. *A* － *C* － *M* － *B*

【设计意图】三道题的设计覆盖本节课的主要知识点，包含基础考点和易错点，有助于学生加深理解。

四、教学反思

笔者在对题目的选择上进行了充分的思考，例如，巩固性练习中的题 1 考查了学生对中点定义的理解，要求学生能够尝试用分类讨论的思想去解决问题。题 2 结合了"将军饮马"的问题并加以变形，目的在于让学生更充分地理解线段公理，为以后学习几何知识打下基础。

最后在设计检测反馈时遵循从易到难的原则，让学生在课后及时对所学知识加以巩固、理解和吸收，有助于学生的自我提升。

案例3 《三角形角平分线的夹角》教学设计

珠海市湾仔中学　吴少丽

一、教学目标

1. 知识与技能

（1）认识三角形角平分线的夹角的三个模型。

（2）会推导三角形角平分线的夹角与三角形第三个角之间的关系。

（3）会应用三角形角平分线的夹角与三角形第三个角之间的关系解决简单的问题。

2. 过程与方法

（1）会建立三角形角平分线夹角的三个模型，推导三角形角平分线夹角与

第三个角之间的关系。

（2）通过从具体到抽象的探究，提升学生数学抽象和逻辑推理能力。

（3）体验数学中常用的分析法以及类比分析的思想方法。

3. 情感、态度与价值观

通过观察、猜想与验证的过程，培养学生的求真意识和探究精神。

二、教学重点难点

1. 教学重点

理解三角形角平分线的夹角与第三个角之间的关系。

2. 教学难点

探究三角形角平分线的夹角与第三个角之间的关系。

三、教学过程

（一）课堂引入

引言：数学界发生了三起案件，需要各位同学帮忙侦破，这三起案件的起因是：角平分线遇见了三角形。下面先打开记忆，搜索这两个"嫌疑人"。

1. 搜索角平分线（图 4 – 2 –17）

$\because BD$ 平分 $\angle ABC$，$\therefore$ _____ .

小应用：（1）已知 $\angle ABC = 60°$，BD 平分
$\angle ABC$，则 $\angle ABD =$ _____ .

（2）已知 $\angle ABD = 25°$，BD 平分 $\angle ABC$，则
$\angle ABC =$ _____ .

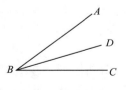

图 4 – 2 –17

2. 搜索三角形（图 4 – 2 –18）

内角：$\angle A + \angle B + \angle C = 180°$

外角：$\angle ACD = \angle A + \angle B$

小应用：

（1）已知 $\angle A = 70°$，$\angle B = 60°$，则 $\angle C =$ ____ .

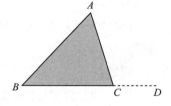

图 4 – 2 –18

（2）已知 $\angle ACD = 130°$，$\angle B = 60°$，则 $\angle A =$ _____ .

【设计意图】建立知识之间的联系，为新课探究做好知识准备。

问题：当角平分线遇见了三角形之后，会发生什么事呢？

（二）原理探究

1. 三角形两个内角角平分线的夹角

进入几何画板界面：

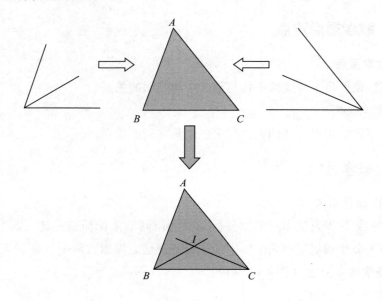

图 4 - 2 - 19

分析图形：在图 4 - 2 - 19 中，你看到了哪些基本图形？

预设回答：$\triangle ABC$ 和 $\triangle BIC$.

其中 $\triangle BIC$ 的两条边分别是 $\triangle ABC$ 的两条角平分线，$\angle BIC$ 是这两条角平分线的夹角。

【设计意图】演示图形的形成过程，分析图形的组成，建构第一个基本模型。

问题：

（1）如果要求 $\angle BIC$ 的度数，你会怎么求？

（2）$\angle BIC$ 和 $\triangle ABC$ 中哪个角的关系非常密切？

（3）这个关系是什么样的？

【设计意图】设置问题串，调动学生的思维，引导学生思考和探究。

思路引导：

（给出∠A的度数）

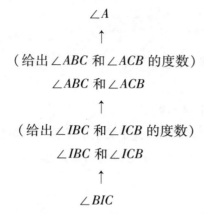

$$\angle A$$
$$\uparrow$$
（给出∠ABC 和∠ACB 的度数）
$$\angle ABC \text{ 和} \angle ACB$$
$$\uparrow$$
（给出∠IBC 和∠ICB 的度数）
$$\angle IBC \text{ 和} \angle ICB$$
$$\uparrow$$
$$\angle BIC$$

教师板书分析过程，给予相应角的度数，引导学生求∠BIC 的度数，引出相关的角∠A。

【设计意图】呈现分析法解决问题的过程，提升学生逻辑推理的能力。

（1）如果∠A = 80°，请求出∠BIC 的度数。

教师活动：学生独立完成后，用智慧课堂同屏功能，拍下学生答案。

（2）如果∠A = d，请求出∠BIC 的度数。

教师活动：学生独立完成后，引导学生在上题的基础上进行修改，得到最终答案。

【设计意图】从具体到抽象的探究，是数学重要的思想方法，既能有效降低探究的难度，又能提升学生数学抽象的能力。

结案陈词：∠BIC = 90° + 1/2 ∠A。

由结论可以发现，∠BIC 一定是钝角。

小结过程：由∠BIC 层层往上推找到∠A，这种由结论推到条件的过程是数学界常用的思维，叫逆向思维，也是数学中常用的分析法。

【设计意图】引导学生学会观察与归纳。

2. 三角形两个外角角平分线的夹角

图形分析：图 4 - 2 - 20 由两个三角形组成，△ABC 和△IBC，其中△IBC 的两边是△ABC 两个外角的角平分线，∠BIC 是两个外角平分线的夹角。

【设计意图】由最初的图形出发，移动点 I，建构第二个基本模型，让学生感受图形和知识点的相关性，引导学生运用类比的思想解决问题。

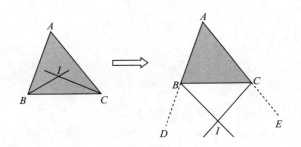

图 4 – 2 – 20

问题：$\angle BIC$ 是否依然跟 $\angle A$ 有关？如果有，这个关系是否跟第一案件一样？

教师活动：组织学生进行小组合作，请学生上讲台讲解过程。

结案陈词：$\angle BIC = 90° - \dfrac{1}{2}\angle A$。

由结论可以发现，$\angle BIC$ 一定是锐角。

【设计意图】通过讨论，互帮互助，突破难点，同时调动学生的学习积极性，增强学生的合作意识。

3. 三角形的一个内角和一个外角角平分线的夹角

图形分析：图 4 – 2 – 21 由两个三角形组成，$\triangle ABC$ 和 $\triangle IBC$，其中 $\triangle IBC$ 的两边是 $\triangle ABC$ 一个外角和一个内角的平分线，$\angle BIC$ 是这两条平分线的夹角。

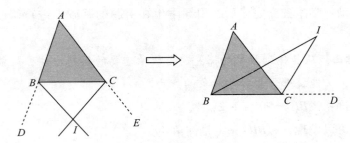

图 4 – 2 – 21

【设计意图】再次进行图形和知识点的迁移，建构第三个基本模型，提高学生观察图形和分析问题的能力。

猜想：$\angle BIC$ 和 $\angle A$ 的关系是什么？

预设答案：$\angle BIC = \dfrac{1}{2}\angle A$。

教师活动：利用几何画板验证学生的答案，组织学生通过小组讨论验证答案的正确性。

结案陈词：$\angle BIC = \dfrac{1}{2}\angle A$。

由结论可以发现，$\angle BIC$ 一定是锐角。

【设计意图】由猜想到验证，培养学生的求证意识和探究精神。

（三）例题分析

如图 $4-2-22$，$\triangle ABC$ 中，$\angle ABC$，$\angle ACB$ 的平分线 BE，CD 相交于点 F，$\angle ABC = 42°$，$\angle A = 60°$，求 $\angle BFC$ 的度数.

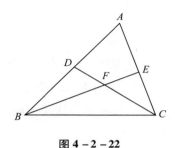

教师活动：根据学生的分析，简单展示两种解法的过程。

图 $4-2-22$

【设计意图】简单应用，加深对三个结论的认识和理解。

（四）形成性练习

如图 $4-2-23$，$\triangle ABC$ 中，PB，PC，OB，OC 都是角平分线，$\angle P = 130°$，求 $\angle O$ 的度数.

分析：

方法一：由 $\angle P$ 的度数可以求得 $\angle A$ 的度数，再由 $\angle A$ 的度数求 $\angle O$ 的度数.

方法二：利用 $\angle P$ 和 $\angle O$ 的求解公式，得到 $\angle P + \angle O = 180°$，由 $\angle P$ 的度数直接可得 $\angle O$ 的度数.

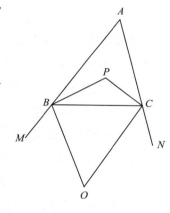

图 $4-2-23$

【设计意图】提升应用，拓宽学生的思维，对所学知识学会灵活应用。

（五）巩固性练习

1. 如图 $4-2-24$，$\triangle ABC$ 中，$\angle ABC$ 和 $\angle ACB$ 的角平分线相交于点 O，且 $\angle BOC = 150°$，则 $\angle A$ 的度数为（　　）

A. $45°$　　　　　　　B. $120°$

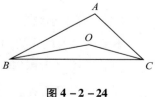

图 $4-2-24$

C. 135°　　　　D. 105°

2. 如图 4 - 2 - 25，△ABC 中，BP 和 CP 分别是 ∠DBC 和 ∠BCE 的角平分线，已知 ∠A = 60°，则 ∠P 的度数是（　　）

A. 30°

B. 60°

C. 90°

D. 120°

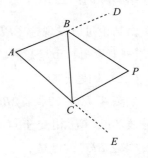

图 4 - 2 - 25

3. 如图 4 - 2 - 26，△DEF 是 △ABC 三条外角平分线所在直线所构成的三角形，则 △DEF 是（　　）

A. 锐角三角形

B. 钝角三角形

C. 直角三角形

D. 钝角或直角三角形

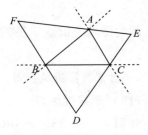

图 4 - 2 - 26

教师活动：学生独立完成，教师统计学生完成情况，并进行简单的点评。

【设计意图】基础性的知识巩固，强化学生对本节课知识的掌握，通过信息技术，对学生的完成情况进行及时评价，了解学生的掌握情况。

（六）综合性练习

如图 4 - 2 - 27，△ABC 中，∠A = 96°，延长 BC 到 D，∠ABC 和 ∠ACD 的平分线相交于点 A_1，∠A_1BC 和 ∠A_1CD 的平分线相交于点 A_2，依次类推，∠A_4BC 和 ∠A_4CD 的平分线相交于点 A_5，则 ∠A_5 的度数是_____。

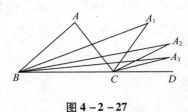

图 4 - 2 - 27

【设计意图】规律探究，提升应用，考查学生对知识的综合应用能力和数据的分析能力。

（七）课堂小结

本节课学习的主要内容：

（1）三个基本模型：_____。

（2）三个结论：_____。

【设计意图】以框架的形式引导学生对本节课知识进行梳理和总结，更清晰地呈现本节课的重点内容。

（八）检测反馈

1. 如图 4 − 2 − 28，Rt △ABC 中，∠C = 90°，AP 和 BP 为 ∠BAC 和 ∠ABC 的角平分线，则 ∠APB 的度数为（　　）

A. 45°

B. 120°

C. 135°

D. 105°

图 4 − 2 − 28

2. 如图 4 − 2 − 29，BP，CP 分别是 △ABC 的两条角平分线，若 ∠ABP = 20°，∠ACP = 50°，则 ∠A + ∠P =（　　）

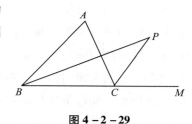

A. 80°

B. 90°

C. 78°

D. 70°

图 4 − 2 − 29

【设计意图】通过检测，及时掌握学情，也是评价学生的过程。

板书设计

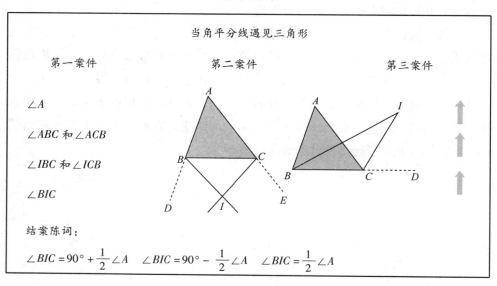

四、教学反思

本节课的设计亮点主要有三个：一是借助信息技术充分地呈现图形的形成过程，建构图形与知识之间的联系，通过图形之间的变换关系，建构三个基本的数学模型，引导学生通过类比的方式展开分析，这正体现深度学习的特点；二是对图形的分析过程中，从具体的数据入手，学生在推理和运算的过程中形成思路和方法，再进入抽象的探究，减低探究的难度，提升学生数据分析和数学抽象的能力；三是利用信息技术，及时对学生的掌握情况进行评价，有助于教师了解学生的学情，对教学的调整提供指引。

三角形角平分线的夹角不是教材中自然章节的内容，而是对角平分线与三角形的相关知识进行综合的应用，属于拓展提升的内容，具有一定的难度，能够非常好地考查学生对知识的迁移和建构能力。本节课的核心主题是对三角形角平分线夹角的探究和归纳，同时也是本节课的难点，特别是三角形的内角和外角平分线的夹角的探究，对学生的分析能力具有较高的要求。在课堂上，借助信息技术，通过类比分析和小组交流合作等方式展开探究，有助于突破本节课的难点，提高学生学习的积极性。在"知识的应用"板块，通过题目的层次性和多变性，提升学生灵活应用的能力。在实际操作过程中，学生基本能应用本节课所学知识解决问题，但在"综合应用"板块，涉及规律的探究问题，部分学生存在较大的难度，需要教师更多的引导和同学的帮助，因此学生的数据分析能力和归纳能力还有待进一步提高。

此外，在探究课中，除了分析和探究能力以外，学生的归纳和总结能力也非常重要。本节课在对三个模型进行研究之后，需要对每个模型研究结果进行总结，为了更好地引导学生进行归纳和总结，在第一个模型的设计中，主要通过具体的数据进行分析，完成整个分析过程后，将具体数据抽象化，学生在具体数据的基础上进行简单调整即可得到相应的结论，有助于提升学生抽象归纳的能力，养成及时发现、及时总结的习惯。

案例4 《全等三角形第一轮复习》教学设计

珠海市三灶中学　杨玮玥

一、教学目标

1. 知识与技能

进一步了解全等三角形的概念，掌握三角形全等的条件和性质及其应用。

2. 过程与方法

在题组训练的过程中，引导学生总结出全等三角形解题的模型，培养学生归纳总结的能力，使学生体会数形结合思想、转化思想在解决问题中的作用。

3. 情感、态度与价值观

培养学生把已有的知识建立联系的思维习惯，并鼓励学生积极参与数学活动，在活动中学会思考、讨论、交流与合作。

二、教学重点难点

1. 教学重点

全等三角形性质与判定的应用。

2. 教学难点

能理解运用三角形全等解题的基本过程。

三、教学过程

（一）复习引入

观看教师录制的五分钟左右的微课视频。

问题1：全等三角形性质有哪些？

问题2：全等三角形的判定方法有哪些？

【设计意图】从原有的知识出发作为引入，能快速让学生进入到课堂中来，对知识产生欲望。复习引入可以加强学生对新旧知识的联系，避免知识层面的

113

断层。

（二）原理探究

三角形全等基本图形如图 4 – 2 – 30 所示。

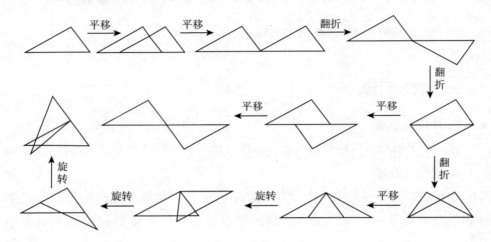

图 4 – 2 – 30

【设计意图】让学生通过了解三角形全等的基本图形，明白三角形全等基本是由平移、翻折、旋转得到的。

（三）例题讲解

核心考题：

考点 1　全等三角形的性质

例 1　如图 4 – 2 – 31，点 D 在 AB 上，点 E 在 AC 上，且 $AD = AE$，$AB = AC$，若 $\angle B = 20°$，则 $\angle C = $ _____.

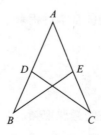

图 4 – 2 – 31

考点 2　全等三角形的判定

例 2　如图 4-2-32，$BC // EF$，$AC // DF$，点 B，D 在 AE 上，添加一个条件_____，使得 $\triangle ABC \cong \triangle DEF$.

例 3　如图 4-2-33，已知 $AD // BC$，$AD = CB$，$AE = CF$. 求证：$DF = BE$.

问：（1）例 1 中求角度，我们的方法有几种？

（2）例 2 答案有多少个？为什么？

（3）例 3 有什么隐含条件？

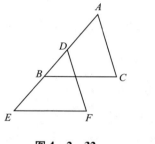

图 4-2-32

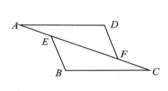

图 4-2-33

【设计意图】 通过例题讲解的形式复习、巩固原有知识，复习全等三角形的性质以及判定方法，唤醒学生原有的知识结构，体验新知识的生成。同时设计问题，让学生围绕问题在教师引导下进行思考，这符合深度学习的要求。

（四）形成性练习

如图 4-2-34，已知 $AE = CF$，$\angle AFD = \angle CEB$，那么添加下列一个条件后，仍无法判定 $\triangle ADF \cong \triangle CBE$ 的是（　　　　）

A. $\angle A = \angle C$　　　　　　　　　B. $AD = CB$

C. $BE = DF$　　　　　　　　　　D. $AD // BC$

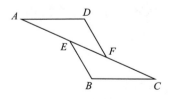

图 4-2-34

【设计意图】 换一种角度去考查全等三角形的判定方法这一知识点，让学生感受题目本质上还是在考查全等三角形的判定方法。

（五）巩固性练习

（2017·苏州）如图 4 - 2 - 35，$\angle A = \angle B$，$AE = BE$，点 D 在 AC 边上，$\angle 1 = \angle 2$，AE 和 BD 相交于点 O.

（1）求证：$\triangle AEC \cong \triangle BED$；

（2）若 $\angle 1 = 42°$，求 $\angle BDE$ 的度数.

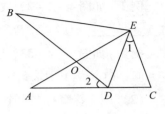

图 4 - 2 - 35

【设计意图】 对旋转类型的全等三角形进行判定以及应用全等三角形的性质来解答问题。

（六）综合性练习

1. （2015·广东）如图 4 - 2 - 36，在边长为 6 的正方形 $ABCD$ 中，E 是边 CD 的中点，将 $\triangle ADE$ 沿 AE 对折至 $\triangle AFE$，延长 EF 交 BC 于点 G，连接 AG.

（1）求证：$\triangle ABG \cong \triangle AFG$；

（2）求 BG 的长.

【问】 折叠能得到什么？

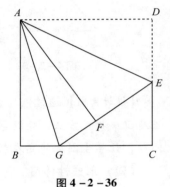

图 4 - 2 - 36

2. 如图 4 - 2 - 37，将矩形 $ABCD$ 沿对角线 AC 翻折，点 B 落在点 F 处，FC 交 AD 于 E.

（1）求证：$\triangle AFE \cong \triangle CDE$.

（2）若 $AB = 4$，$BC = 8$，求图中阴影部分的面积.

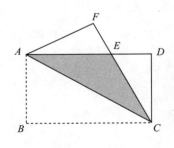

图 4 - 2 - 37

【设计意图】 迁移情景，这是对折叠类型的全等三角形进行判定，利用全等三角形性质去解答问题，去求边长从而求面积，综合性运用所学知识。

（七）课堂小结

1. 三角形全等的性质。

2. 三角形全等的判定方法有哪些？

【设计意图】由复习旧知来开展新课，构建知识的联结，符合深度学习的要求。

（八）检测反馈

1. 如图 4 - 2 - 38，$\triangle ABC \cong \triangle EFC$，$CF = 3$ cm，$CE = 4$ cm，$\angle F = 36°$，则 $BC = $ _____ cm，$\angle B = $ _____ .

2. 如图 4 - 2 - 39，$AC \perp BC$，$AD \perp BD$，垂足分别是 C、D，若要用 "HL" 得到 Rt$\triangle ABC \cong$ Rt$\triangle BAD$，则你添加的条件是_____ .（写一种即可）

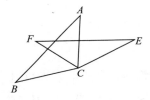

图 4 - 2 - 38

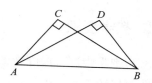

图 4 - 2 - 39

3. 如图 4 - 2 - 40，等边 $\triangle ABC$ 中，D 是 AB 边上的动点，以 CD 为一边，向上作等边 $\triangle EDC$，连接 AE.

（1）求证：$\triangle DBC \cong \triangle EAC$.

（2）求证：$AE /\!/ BC$.

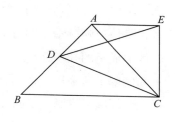

图 4 - 2 - 40

4.（2017·恩施土家族苗族自治州）如图 4 - 2 - 41，$\triangle ABC$ 和 $\triangle CDE$ 均为等边三角形，连接 BD，AE 交于点 O，BC 与 AE 交于点 P. 求证：$\angle AOB = 60°$.

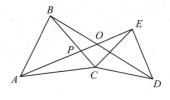

图 4 - 2 - 41

5.（2017·齐齐哈尔）如图 4 - 2 - 42，在 $\triangle ABC$ 中，$AD \perp BC$ 于 D，$BD = AD$，$DG = DC$，E，F 分别是 BG，AC 的中点.

（1）求证：$DE = DF$，$DE \perp DF$.

（2）连接 EF，若 $AC = 10$，求 EF 的长.

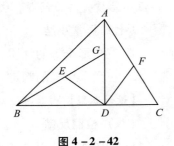

图 4 - 2 - 42

【设计意图】通过课后检测，巩固所学知识，检测本堂课的学习效果，为下一节课的教学提供帮助。

四、教学反思

在对初中学生进行深度教学时，要让学生围绕本节课主题去进行自主学习，这样才能更好地培养学生独立学习数学的能力和数学逻辑思维能力。本节课是全等三角形的第一轮复习，因为是一节复习课，基础知识学生在之前已经学习了，现在是对原有知识的巩固以及提升。

在引入部分通过观看五分钟微课视频的方式进行复习引入，在原理研究方面采取将全等三角形的基本图形如何变换的过程直截了当告诉学生的方式。两者皆是快速唤醒学生旧有的知识，进一步连接新旧知识，在学生认知结构中更好地形成新的知识网络。

例题讲解采用三道题来复习全等三角形的性质以及判定方法，每道题都设置一个问题引导学生进行思考，让学生进行自主学习，这符合深度学习的特征。

练习环节设置三个环节，分别是形成性练习、巩固性练习和综合性练习。三个练习层层递进，将中考常考题型和本节课内容紧密联系起来，知识点之间联系密切，避免知识零散的弊端。

深度学习需要我们教师去合理设计问题，让学生围绕这些问题去开展自主学习，从而培养学生数学逻辑思维。

案例 5 《18.1.1 勾股定理》教学设计

珠海市湾仔中学 吴少丽

一、教学目标

1. 知识与技能

（1）了解勾股定理的概念。

（2）会利用两边求直角三角形另一边的长。

2. 过程与方法

（1）经历探索勾股定理的过程，体会数形结合的思想方法，提升数学抽象和数据分析能力。

（2）通过勾股定理的验证，感受从特殊到一般的思想方法，提升逻辑推理能力。

3. 情感、态度与价值观

对比介绍我国古代和西方数学家关于勾股定理的研究，激发学生的爱国热情。

二、教学重点难点

1. 教学重点

探究和验证勾股定理，会利用两边求直角三角形第三边的长。

2. 教学难点

勾股定理的证明。

三、教学过程

（一）课堂引入

问题情境：小明的妈妈买了一部 29 英寸（74 厘米）的电视机（图 4 – 2 – 43）。小明量了电视机的屏幕后，发现屏幕只有 58 厘米长和 46 厘米宽，他觉得一定是售货员搞错了。你能解释这是为什么吗？

图 4 - 2 - 43

【设计意图】从实际生活中引入对新课的探究，体会数学与生活的紧密联系。

（二）原理探究

活动的引入：

（向学生展示，图略）1955 年希腊发行的一枚纪念邮票，观察邮票中的图案构成，数数正方形中的方格数目。你能发现什么？

【设计意图】学生自主发现问题，引入思考，从而引出解决问题的活动。

活动一：拼一拼

如图 4 - 2 - 44，请同学们将彩色纸片拼在正方形 P，Q 上，再将所用的纸片拼在正方形 R 上，看看你能发现什么。

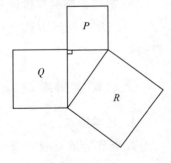

图 4 - 2 - 44

【设计意图】学生通过直观的实验操作，验证猜想，自然得出结论，体会从特殊到一般和数形结合的思想方法。

得出结论：$S_P + S_Q = S_R$

若把正方形 P，Q，R 抽去，设剩下的直角三角形三边的长分别为 a，b，c.

猜想：如图 4 - 2 - 45，a，b，c 之间的关系是什么？

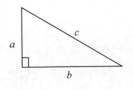

图 4 - 2 - 45

结论：$a^2 + b^2 = c^2$

【设计意图】由正方形面积的关系，引出正方形边长的关系，从而得到直角三角形三边的关系。学生经历结论的推理和验证过程，提升数学抽象和数据分析能力。

活动二：证一证

三种比较有代表性的证法，如图 4-2-46 所示。

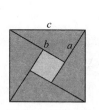 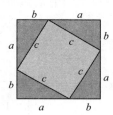 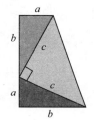

证法一　赵爽弦图　　　证法二　赵爽弦图　　　证法三　美国总统证法

图 4-2-46

学生分组合作，完成其中的一种证法，并上黑板展示。

【设计意图】采取小组合作的形式，有利于突破本节课难点，增强学生的参与度。

教师进行适当的语言引导，巡视学生探究的情况，有需要的小组给予指引。

【设计意图】从直观的实验验证到严谨的几何证明，学生感受数学定理的产生过程，体会数学的严谨性，提升学生逻辑推理的能力。

归纳：勾股定理

如果直角三角形的两直角边长分别为 a，b，斜边长为 c，那么 $a^2 + b^2 = c^2$。

强调性提问：勾股定理的前提是什么？

【设计意图】用规范的语言归纳总结勾股定理的内容，明确定理的条件和结论。

了解勾股世界：

（1）勾股定理命名由来。

（2）勾股定理的历史。

强调我国是最早发现勾股定理的国家。

【设计意图】增强学生的爱国热情。

（三）例题分析

回归问题情境。

教师引导分析：

问题转化：如图 4 - 2 - 47，在 Rt△ABC 中，∠C = 90°，
AC = 58 cm，BC = 46 cm，求 AB 的长．

根据勾股定理，$AB^2 = AC^2 + BC^2$，代入 AC 和 BC 的值即可求得 AB 的值。

图 4 - 2 - 47

【设计意图】前后呼应，体会勾股定理在生活中的应用。

（四）形成性练习

如图 4 - 2 - 48，根据已知面积求出图中未知面积 x，y.

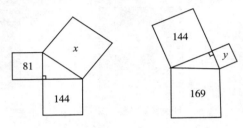

图 4 - 2 - 48

【设计意图】重温拼图的思想，巩固勾股定理的形成过程。

（五）巩固性练习

求图 4 - 2 - 49 中，直角三角形中未知边的长．

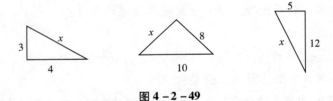

图 4 - 2 - 49

【设计意图】强化勾股定理的概念，学会利用勾股定理进行计算，提升学生的运算能力。

（六）综合性练习

1. 求出图 4 - 2 - 50 中 A，B 和 Z 的面积．

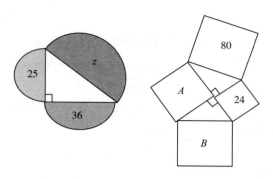

图 4 - 2 - 50

2. 如图 4 - 2 - 51，一根旗杆在离地面 9 米处断裂，旗杆顶部落在离旗杆底部 12 米处，旗杆折断之前有多高？

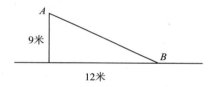

图 4 - 2 - 51

【设计意图】综合考查学生对勾股定理的应用能力，包括拓展和延伸能力，再次感受数形结合的思想方法。

（七）课堂小结

说说这节课你有什么收获。

（1）勾股定理的内容。

（2）勾股定理的简单应用。

【设计意图】回顾本节课的学习过程，总结归纳本节课的重点内容。

（八）检测反馈

如图 4 - 2 - 52，求下列直角三角形中未知的边长.

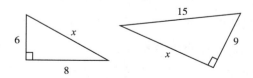

图 4 - 2 - 52

123

【设计意图】检测学生对本节课的掌握情况。

板书设计

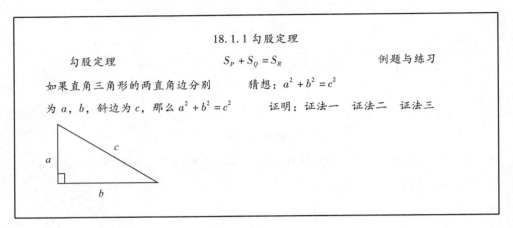

18.1.1 勾股定理

勾股定理 $\qquad$ $S_P + S_Q = S_R$ $\qquad$ 例题与练习

如果直角三角形的两直角边分别 $\qquad$ 猜想：$a^2 + b^2 = c^2$

为 a，b，斜边为 c，那么 $a^2 + b^2 = c^2$ $\qquad$ 证明：证法一 证法二 证法三

四、教学反思

本节课是概念课，如果只是进行单纯的概念讲授和练习，容易导致课堂的枯燥沉闷，学生的学习也就变成概念的简单记忆和机械应用，课堂效果不理想。因此在设计的过程中，笔者从教学目标的设置开始，思考如何从深度学习的角度出发，设计本节课的流程，实现提升学生数学核心素养的目标。

本节课从生活中发现数学，无论是电视机的问题还是地板的问题，都充分地让学生感受数学来源于生活，同时又服务于生活，从而激发学生探究的兴趣。本节课的核心主题是勾股定理的探究和验证，学生的一系列活动都围绕这一主题展开，无论是定理的发现还是定理的验证，都是通过活动的方式让学生全程参与。从课堂的效果来看，学生能紧紧地围绕发现问题、分析问题和解决问题的过程开展学习，课堂的积极性得到很大的提升。在探究勾股定理的过程中，学生的数学抽象和数据分析能力得到提升，并深刻体会从特殊到一般和数形结合等思想方法，探究意识和合作意识得到增强，课堂上学生能充分地展现自己，无论是动手操作，还是上台演示都踊跃参与。本节课的难点是勾股定理的证明，教材中提到多种证明方法，本节课选取其中比较有代表性的三种证法，发挥小组合作优势，让学生参与探究和展示，在此过程中学生的逻辑推理能力进一步得到提升。从学生展示和讲解的过程可以发现，有了前面的面积推理做铺垫，学生很容易从面积的角度分析图形，利用每个图形的拼接特点，列出相关的等式，通过对等式进行化简，最终得到所要的结论。在此过程中，学生给了教师很大的惊喜，展现了很强的分析能力和归纳总结能力，所以我们要充分相信学生，给学生更多展示的空间、更多自我提升的机会。

在"定理的应用"板块，本节课既有教师板演的例题，给学生规范的书写进行示范，又有层次分明的练习训练，从知识的形成过程，到定理的巩固应用，再到知识的拓展延伸，充分强化本节课的内容。最后是本节课的课堂小结和课堂检测，完整地呈现本节课的教学过程，充分体现学生的主体地位，让深度学习在每一项活动中发生，从而提升学生的数学核心素养。

同时，在课堂中也发现一些问题：一是因为课堂活动较多，时间的把握非常重要，特别是在定理的探究和验证环节，学生的思维很活跃，发言也很踊跃，教师必须把握好时间，必要时进行适当的调整；二是在定理的应用过程中发现，学生的运算能力还需要加强，特别是平方的运算，容易出现错误。

案例6 《有一个角是30°的直角三角形的性质》教学设计

珠海市斗门区白藤湖初级中学　周芷冰

一、教学目标

1. 知识与技能

理解含30°角的直角三角形的性质。

2. 过程与方法

探索并证明含30°角的直角三角形的性质。

3. 情感、态度与价值观

体验几何的推理过程，发展推理思维。

二、教学重点难点

1. 教学重点

含30°角的直角三角形的性质。

2. 教学难点

含 30°角的直角三角形的性质的探索证明。

三、教学过程

（一）课堂引入

让学生拿出两个三角尺观察，问：这两个三角尺有什么特点？

学生知道有一个三角尺的两个锐角都是 45°，这是一个等腰直角三角形，另一个三角尺的两个锐角分别是 30°和 60°。

问：为什么这个三角形的两个锐角偏偏是 30°和 60°，而不是 10°和 80°、20°和 70°呢？这节课我们一起来研究一下有一个角为 30°的直角三角形到底有什么性质。（板书课题：有一个角为 30°的直角三角形的性质）

【设计意图】让学生通过观察我们身边很常用到的三角尺提出疑问，其中一个三角尺是等腰直角三角形，那另一个直角三角尺是否也具有特殊的性质呢？引发学生的兴趣，让学生带着疑问进入课堂，通过探究证明解决自己的疑问。

（二）探究新知

学生同桌之间动手操作。把两个含 30°角的三角形进行拼摆，能否得到特殊的三角形？学生动手拼摆后发现如教材图 13.3－8 拼起来，能得到一个等边三角形，如图 4－2－53。

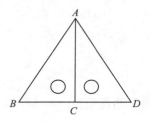

图 4－2－53

问：你能借助这个图形，找到 Rt△ABC 的直角边 BC 与斜边 AB 之间的关系吗？

猜想：在直角三角形中，如果一个锐角等于 30°，那么它所对的直角边等于斜边的一半。

问：请说一说你猜想的命题中，条件和结论分别是什么。并结合图形，用符号语言表述出来。

思考：这个命题是真命题吗？请进行证明。

已知：如图 4 - 2 - 54，在 Rt$\triangle ABC$ 中，$\angle C = 90°$，$\angle A = 30°$.

求证：$BC = \dfrac{1}{2} AB$.

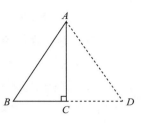

图 4 - 2 - 54

证明：延长 BC 到 D，使 $BD = AB$，连接 AD.

∵ $AB = BD$，$\angle B = 60°$，

∴ $\triangle ABD$ 是等边三角形.

∵ $AC \perp BD$，

∴ AC 也是 BD 边上的中线，

∴ $BC = \dfrac{1}{2} BD = \dfrac{1}{2} AB$.

得出结论：如图 4 - 2 - 55，在直角三角形中，30°角所对的直角边等于斜边的一半。

几何语言：∵ 在 Rt$\triangle ABC$ 中，$\angle A = 30°$，

∴ $BC = \dfrac{1}{2} AB$.

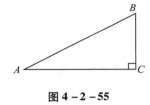

图 4 - 2 - 55

【设计意图】深度学习在"图形的性质"这一单元主要是要求在观察、画图、拼摆等实践操作、直观探索的基础上，获得对图形性质的认识。因此在本环节中，引导学生借助已有的知识和经验及图形的直观性，探索发现、猜测推断图形可能具有的性质，让学生明确已知什么求什么，并让学生自主完成既定的证明任务，从而得出本节课需要学习的图形性质。

（三）例题分析

1. 如图 4 - 2 - 56，在 $\triangle ABC$ 中，$\angle C = 90°$，$\angle A = 30°$，$AB = 2$，则 $BC = $ _____ .

2. 在 $\triangle ABC$ 中，$\angle C = 90°$. 若 $\angle B = 60°$，$BC = 3$，则 AB 的长为 _____ .

3. 小明沿倾斜角为 30 °的山坡从山脚步行到山顶，共走了 200 m，则山的高度为 _____ .

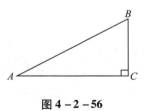

图 4 - 2 - 56

【设计意图】深度学习强调知识的迁移以及与实际生活的联系。本环节设计的是对本节课所学知识的简单运用，由浅入深，由几何问题到实际问题，从而

提高学生的应用意识，发展学生的能力与素养。

（四）形成性练习

1. 如图 4 – 2 – 57，△ABC 中，已知 AB = AC，∠C = 30°，AB ⊥ AD，AD = 4. 求：（1）BD 的长；（2）BC 的长.

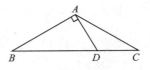

图 4 – 2 – 57

2. 如图 4 – 2 – 58，已知 △ABC 中，AB = AC，∠BAC = 120°，DE 垂直平分 AC 交 BC 于 D，垂足为 E，若 DE = 2 cm，求 CD 和 BD 的长.

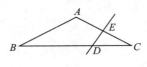

图 4 – 2 – 58

【设计意图】深度学习强调知识之间的联系和迁移，题 1 除考查本节课所学知识外，还涉及等腰三角形的性质及判定，题 1 的第（2）题对于部分学生来说可能会有点难度，教师可适当引导。题 2 与题 1 是有联系的，引导学生解决题 1 后可以让学生独立完成题 2，并总结出规律。

（五）巩固性练习

1. 如图 4 – 2 – 59，在△ABC 中，∠ACB = 90°，∠A = 30°，CD ⊥ AB.

（1）若 AB = 4，求 BC 和 BD 的长；

（2）求证：$DB = \dfrac{1}{4}AB$.

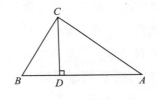

图 4 – 2 – 59

2. 如图 4 – 2 – 60，在△ABC 中，∠A = 90°，∠B = 15°，BC 的垂直平分线交 AB 于点 D，垂足为 E，AC = 3，求 BD 的长.

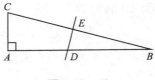

图 4 – 2 – 60

【设计意图】通过上一环节的讲解和练习，本环节由学生合作完成，让学生经历知识形成并巩固的过程，培养合作精神。

（六）综合性练习

1. 如图 4 – 2 – 61，在 $\triangle ABC$ 中，$AB = AC$，$\angle BAC = 120°$，D 为 BC 的中点，$DE \perp AC$ 于 E，$AE = 8$. 求 CE 的长．

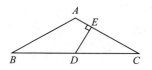

图 4 – 2 – 61

2. 如图 4 – 2 – 62，在等边 $\triangle ABC$ 中，D，E 分别在边 BC，AC 上，且 $DE /\!/ AB$，过点 E 作 $EF \perp DE$，交 BC 的延长线于点 F.

（1）求 $\angle F$ 的度数；

（2）若 $CD = 2$ cm，求 DF 的长．

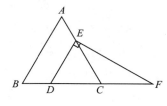

图 4 – 2 – 62

【设计意图】联系新旧知识，综合运用新旧知识解决问题，引导学生构建完整的知识结构，逐渐加大题目难度，加深学生对新知识的理解和掌握。

（七）课堂小结

在直角三角形中，30°角所对的直角边等于＿＿＿＿＿＿＿＿＿＿。几何语言：

$\because$ ＿＿＿＿＿＿＿＿＿＿，$\therefore$ ＿＿＿＿＿＿＿＿＿＿。

【设计意图】回顾本节课学习的知识，加强几何语言的规范。

（八）检测反馈

1. 如图 4 – 2 – 63，在 $\triangle ABC$ 中，$\angle BAC = 90°$，$\angle C = 30°$，$AD \perp BC$，垂足为 D，则 BD 与 BC 的数量关系是（　　　）

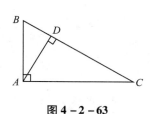

A. $BD = \dfrac{1}{2}BC$　　　　　　B. $BD = \dfrac{1}{3}BC$

C. $BD = \dfrac{1}{4}BC$　　　　　　D. $BD = \dfrac{1}{5}BC$

图 4 – 2 – 63

2. 如图 4 – 2 – 64，一棵树在一次强台风中，从离地面 5 m 处折断，倒下的部分与地面成 30°角，这棵树在折断前的高度是（　　　）

A. 10 m　　　　　　B. 15 m

C. 5 m　　　　　　D. 20 m

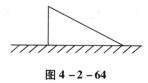

图 4 – 2 – 64

3. 如图 4－2－65，一辆货车车厢底板离地面的高度为 1.5 m，为方便卸货，常用一块木板搭成一个斜面，要使斜面与水平地面的夹角不大于 30°，这块木板的长度至少为（　　）

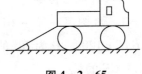

图 4－2－65

A. 3 m
B. 2.5 m
C. 2.6 m
D. 0.75 m

4. 如图 4－2－66，在 △ABC 中，∠C＝90°，∠B＝30°，AD 平分 ∠CAB 交 BC 于点 D，E 为 AB 上一点，连接 DE，则下列说法错误的是（　　）

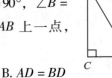

图 4－2－66

A. ∠CAD＝30°
B. AD＝BD
C. BD＝2CD
D. CD＝ED

5. 如图 4－2－67，在 △ABC 中，∠ACB 为直角，∠A＝30°，CD⊥AB 于 D，若 BD＝1，则 AB 的长度是（　　）

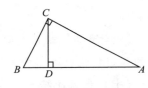

图 4－2－67

A. 4
B. 3
C. 2
D. 1

6. 如图 4－2－68，在 △ABC 中，∠C＝90°，∠B＝15°，DE 垂直平分 AB，交 BC 于点 E，BE＝4，则 AC＝_____．

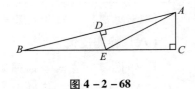

图 4－2－68

7. 如图 4－2－69，已知 ∠MON＝30°，点 A_1，A_2，A_3，… 在射线 ON 上，点 B_1，B_2，B_3，… 在射线 OM 上，△$A_1B_1A_2$，△$A_2B_2A_3$，△$A_3B_3A_4$，… 均为等边三角形，若 $OA_2＝4$，则 △$A_nB_nA_{n+1}$ 的边长为_____．

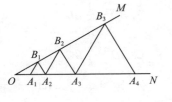

图 4－2－69

8. 如图 4 – 2 – 70，点 P 是 △ABC 的边 BC 上一点，$PC = 2PB$，∠$ABC = 45°$，∠$APC = 60°$. 求 ∠ACB 的度数.

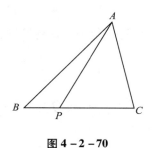

图 4 – 2 – 70

9. 如图 4 – 2 – 71，在四边形 $ABCD$ 中，∠$B = 90°$，DC//AB，AC 平分∠BAD，∠$DAB = 30°$. 求证：$AD = 2BC$.

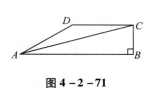

图 4 – 2 – 71

【设计意图】深度学习强调培养学生的迁移能力，通过检测让学生巩固所学知识，把所学知识迁移到新的情境中，能够综合运用所学知识去解决新问题，强化学生的迁移能力。

四、教学反思

1. 数学学习的过程是教师、学生围绕学习内容而展开的活动过程，本节课通过让学生观察三角尺、拼摆三角尺引入课题，调动学生积极性，使学生能够全身心投入到具有挑战性的学习活动中。

2. 深度学习强调学生在学习过程中应该经历从具体到抽象的思维活动。本节课学生通过观察发现，猜测含30°角的直角三角形有可能存在的性质，并通过证明获得知识，经历了知识形成的过程，体验数学学科的思想方法，在探究和证明的过程中获得成功感。

3. 迁移能力是数学学习的关键能力之一，本节课通过"例题分析""形成性练习""巩固性练习""综合性练习""检测反馈"等一系列环节，联系新旧知识，为学生呈现完整的知识结构，加强对知识的理解和体会，发展应用意识和数学建模意识，使学生在辨识、归纳、概括中真正理解原理方法，把握所学知识的本质。

学生对所学知识的本质掌握与否、思想方法理解与否、能否迁移到新情境中解决问题，这些都与学生的思维是否得到发展有关。在数学教学中强调深度学习，是希望通过深度学习能让学生掌握全面的知识结构、普遍的方式和内在的原理。在数学活动的过程中，学生能体验到乐趣、学到新知识，并且能把所学知识联系起来构建自己的知识体系，发展学生的探究能力、合作能力、解决问题的能力，那这节课，无论是学生还是老师，都将会收获满满！

案例7 《平行四边形对角线的性质》教学设计

珠海市斗门区白藤湖初级中学　周芷冰

一、教学目标

1. 知识与技能

掌握平行四边形对角线的性质。

2. 过程与方法

通过观察探究得出平行四边形对角线的性质，结合新旧知识解决问题。

3. 情感、态度与价值观

通过经历探究活动，增强数学的应用意识，体会数学与生活息息相关，培养学习数学的兴趣。

二、教学重点难点

1. 教学重点

掌握平行四边形对角线的性质。

2. 教学难点

运用平行四边形对角线的性质解决问题。

三、教学过程

（一）课堂引入

一位年迈的老人，兢兢业业劳动一辈子，终于在晚年的时候买下了一块平行四边形的土地，如今老人年纪大了，没力气劳动了，他决定把这块土地分给他的四个孩子，他是这样分的，如图 4-2-72。

图 4-2-72

老人的四个孩子看见老人的分法后都争论不休。同学们,请你思考一下老人这样分合理吗?为什么?

【设计意图】把数学问题结合到实际故事里,增加数学课堂教学的趣味性,吸引学生的注意力,让学生体会到数学知识与实际生活是息息相关的。

(二)原理探究

平行四边形的性质3的发现及证明

思考:如图4-2-73,将一个平行四边形绕 O 旋转180°,请你仔细观察线段 AO,CO,BO,DO,你观察到了什么?(PPT动画展示)

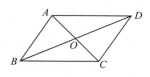

图4-2-73

猜想:平行四边形的对角线互相平分。

问:以上命题中已知条件是什么?要求证什么?

证明:

已知:如图,平行四边形 $ABCD$ 的对角线 AC,BD 相交于点 O.

求证:$OA = OC$,$OB = OD$.

(学生思考如何证明,并让不同学生口答,做到一题多解。)

【设计意图】利用动画展示平行四边形绕对角线的交点 O 进行旋转,让学生观察旋转过程中各线段之间存在什么样的关系,从而学生会提出疑问:平行四边形的对角线是否互相平分?同时让学生明确"平行四边形的对角线互相平分"这一命题中的已知条件是什么、要求证的是什么,并让学生思考如何证明这一命题,让不同的学生用不同的方法证明这一命题,做到一题多解。深度学习是让学生积极主动地学习,达到学生对知识的深刻理解,让学生独立自主去猜想、思考、证明,在探索的过程中获得知识,同时体验成功感。

知识梳理:平行四边形对角线的性质:平行四边形的对角线互相平分。

几何语言:∵ _____ ,

∴ _____ 。

【设计意图】小结平行四边形的第三个性质——平行四边形的对角线互相平分,总结几何语言,规范学生的答题过程。

(三)例题分析

例1 如图4-2-74,在平行四边形 $ABCD$ 中,对角线 AC,BD 相交于点 O,有点 E,F 在对角线 AC 上,且 $OE = OF$,求证:$BE = DF$.

小结：可通过证明三角形全等解决问题。证明三角形全等的方法有很多，找"8"字形较为便捷。

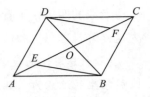

图 4 - 2 - 74

【设计意图】教师主导学生分析例1，很多学生都会想到通过证明三角形全等解决问题，让学生思考可以证明哪些三角形全等、可以用什么方法证明全等，从而做到一题多解，发展学生的思维，培养学生的数学素养。

例 2 如图 4 - 2 - 75，已知平行四边形 $ABCD$ 中，$AB = 13$，$AD = 12$，$AC \perp BC$，求 BC，CD，AC，OA 的长以及平行四边形 $ABCD$ 的面积.

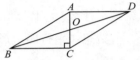

图 4 - 2 - 75

【设计意图】通过图形和条件的变化加大题目的难度，培养学生对题目的分析、对图形的分析，加强学生的分析思维，规范学生的答题过程。

（四）形成性练习

1. 如图 4 - 2 - 76，在平行四边形 $ABCD$ 中，对角线 AC，BD 相交于点 O，$AC = 20$ cm，$BD = 16$ cm，则 $AO = $ _____，$BO = $ _____.

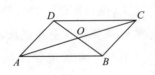

图 4 - 2 - 76

2. 如图 4 - 2 - 77，平行四边形 $ABCD$ 的对角线 AC，BD 相交于点 O，且 $AC + BD = 34$，$AB = 6$，则 $\triangle OCD$ 的周长为_____.

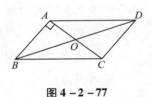

图 4 - 2 - 77

3. 在平行四边形 $ABCD$ 中，对角线 AC，BD 相交于 O，若 $AC = 14$，$BD = 8$，则 AB 的长的取值范围是_____.

【设计意图】三个问题从浅到深，逐渐加深对平行四边形的性质的运用，同时涉及上学期学习的三角形的相关性质，做到新旧知识结合，让学生把新学的平行四边形的知识和以前学习的三角形的知识联系到一起，体会到知识的迁移和紧密联系。

（五）巩固性练习

1. 如图 4 - 2 - 78，已知：平行四边形 $ABCD$ 的对角线 AC，BD 相交于点 O，EF 与 AC 相交于点 O，并与平行四边形的对边 AD，BC 分别相交于点 E，F.

求证：$OE = OF$.

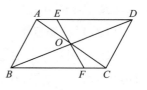

图 4 - 2 - 78

2. 如图 4 - 2 - 79，已知平行四边形 $ABCD$ 的对角线 AC，BD 相交于点 O，$\angle BAC = 90°$，$AC = 12$，$BD = 20$.

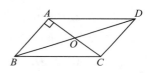

图 4 - 2 - 79

（1）求 AB 的长；

（2）求平行四边形 $ABCD$ 的面积.

小结：要求平行四边形的面积要找准底和高。

【设计意图】针对题 1 和题 2 进行练习，鼓励学生完成练习后再思考还有哪些方法，做到一题多解；让学生自行总结有哪些容易出错的地方，提出应注意的事项。比如，求梯形的面积要找准对应的底和高。让学生成为学习的主人，由学生自行去思考、总结，培养学生学习的自主性。

（六）综合性练习

1. 平行四边形的一边长为 5，则它的对角线长可能是（　　　）

A. 4 和 6　　　　B. 2 和 12　　　　C. 4 和 8　　　　D. 4 和 3

2. $\square ABCD$ 的对角线交于点 O，$S_{\triangle AOB} = 2 \text{ cm}^2$，则 $S_{\square ABCD} = $ _____ .

【设计意图】深度学习强调迁移和应用，本环节呼应前面用于引入的故事，在学习了本节课的知识后，运用本节课所学知识解决问题。

（七）课堂小结

平行四边形的性质：

（1）平行四边形的对边平行且相等；

（2）平行四边形的对角相等；

（3）平行四边形的对角线互相平分。

【设计意图】 综合上节课和本节课学习的内容，对平行四边形的三个性质进行总结，建立起知识之间的联系，让学生对所学知识有一个系统化的认识，达到深度学习的目的。

（八）检测反馈

1. 证明：平行四边形的对角线互相平分．已知：四边形 $ABCD$ 是平行四边形，如图 $4-2-80$ 所示．

求证：$OA = OC$，$OB = OD$.

以下是排乱的证明过程，正确的顺序应是（　　　）

① $\because \angle ABO = \angle CDO$，$\angle BAC = \angle DCA$；

② $\because$ 四边形 $ABCD$ 是平行四边形；

③ $\therefore AB // CD$，$AB = CD$；

④ $\therefore \triangle AOB \cong \triangle COD$；

⑤ $\therefore OA = OC$，$OB = OD$.

A. ②①③④⑤　　　　　　　　B. ②③⑤①④

C. ②③①④⑤　　　　　　　　D. ③②①④⑤

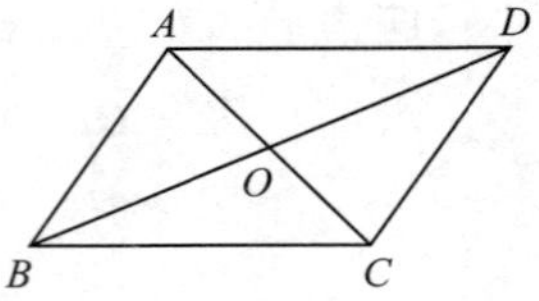

图 $4-2-80$

2. 平行四边形一边的长是 12 cm，则这个平行四边形的两条对角线长可以是（　　　）

A. 4 cm 或 6 cm　　　　　　　B. 6 cm 或 10 cm

C. 12 cm 或 12 cm　　　　　　D. 12 cm 或 14 cm

3. 如图 $4-2-81$，已知平行四边形 $ABCD$ 的对角线 AC，BD，$AC = 6$，$BD = 8$，$AC \perp BD$，$AE \perp BC$，垂足为点 E，则 AE 的长是（　　　）

A. $5\sqrt{3}$　　　　　　　　B. $2\sqrt{5}$

C. $\dfrac{48}{5}$　　　　　　　　D. $\dfrac{24}{5}$

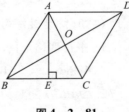

图 $4-2-81$

4. 如图 $4-2-82$，在平行四边形 $ABCD$ 中，对角线 $AC \perp BD$，$AC = 10$，$BD = 24$，则 $AD = $ _____．

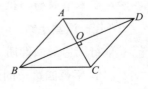

图 $4-2-82$

5. 如图 4-2-83，已知平行四边形 $ABCD$ 的周长为 60 cm，对角线 AC，BD 相交于点 O，$\triangle AOB$ 的周长比 $\triangle BOC$ 的周长多 8 cm，则 AB 的长度为_____ cm.

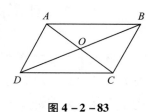

图 4-2-83

6. 如图 4-2-84，平行四边形 $ABCD$ 的对角线相交于点 O，且 $AB \neq AD$，过点 O 作 $OE \perp BD$ 交 BC 于点 E. 若 $\triangle CDE$ 的周长为 8 cm，则平行四边形 $ABCD$ 的周长为_____.

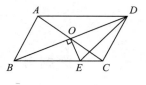

图 4-2-84

【设计意图】本环节第 1 题整理本节课所学知识，然后逐题加深难度，让学生进一步学会运用平行四边形的性质。

四、教学反思

1. 深度学习特别强调教师的重要作用，强调教师对学生学习的引导和帮助，在教学过程中，教师应通过设计一个又一个有层次的问题引导学生发现问题、提出问题、解决问题。本案例的设计通过让学生观察平行四边形的旋转，发现对角线之间的关系，提出猜想、证明猜想，在这个过程中，知识真正成为学生自主观察、思考、探索的对象，从而增强学生发现知识的自信、能力和意识。

2. 深度学习强调迁移和应用。本节从复习旧知识着手，在探究本节课的知识和后续的巩固练习中，大量地把新旧知识结合到一起，也把学生学习过的三角形和现学的平行四边形结合到一起。与此同时，还把数学知识与实际问题相结合，让学生体会到我们所学的每一个知识都不是独立的，而是可以紧密地联系在一起去运用的，我们所学的数学知识和实际生活也是紧密联系的。

3. 教学过程中多体现一题多解，发展学生的思维，让学生多思考：还有什么方法？这种方法行不行？哪种方法比较好？让学生形成自己的评判能力。

深度学习是触及学生心灵的学习，在课堂上通过有趣的引入唤起学生对所学知识的兴趣、求知的欲望，让学生自主去探究、发现，学生才能真正成为学习的主体，发挥自主能动性去探究知识、开展学习。因此，把深度学习融入我们的日常教学中，帮助学生真正成为课堂的主人，有助于培养学生的自主学习能力，使学生发展为能力更全面的人。

案例8 《课题学习·图案设计》教学设计

珠海市横琴新区第一中学　宋君远

一、教学目标

1. 利用平移、轴对称、旋转变换设计组合图案。

达成标志：通过对典型图案的欣赏、分析，能选取简单的基本图形，利用平移、轴对称、旋转变换的基本特征来进行不同的图案变换，设计新的图案。

2. 利用平移、轴对称、旋转变换的基本特征来应用解决实际问题。

达成标志：让学生能够运用平移、旋转和轴对称的基本特征来解决和其相关的实际问题。（注重培养学生的实践能力和探究精神，感受到数学与现实世界的联系，体会数学来源于生活，又服务生活。）

二、学情分析

1. 学生已经掌握了平移、旋转、轴对称等图形变换知识，具备选取基本图形的能力。

2. 对自己动手操作的活动兴趣很高，可以利用平移、旋转、轴对称进行一种或者组合变换。

三、学习环境的设计

1. 学习资源的设计

教材：人教版（2014）九年级数学下册

课件：针对本课内容自制的 PowerPoint 多媒体课件。

教学资源：PPT 课件——知识展现和进行图案辨析；投影仪——展示相应图形；卡纸、彩色水笔、直尺、圆规；等等。

2. 教学内容分析

重点：设计图案，如何利用平移、轴对称、旋转变换中的一种或它们的组合得出图案。

难点：能根据图形变换的性质解决实际的问题。

解决策略：通过观察图案得出简单的基本图形，复习已经学过的平移、轴对称、旋转的性质，在动手实践和小组互助合作中设计利用一种或几种变换得到的图案，并能根据图形变换的性质解决实际的问题。

四、教学过程

（一）课堂引入

自学交流。（要求：独立完成，同桌交流）

我们学过的图形变换有几种？如图 4 – 2 – 85。

图 4 – 2 – 85

【**设计意图**】开放性问题的设置，让每名学生都积极思考，参与到学习过程中，通过不同类型图形变换的复习，使学生加强新旧知识的联系，克服知识零碎、孤立的浅层学习弊端。

（二）原理探究

思考：

（1）你能用平移、旋转或轴对称变换来分析图中各个图案的形成过程吗？

（2）将图中的基本图形用彩色笔画出来。

（3）归纳几种图形变换的共性。

【设计意图】通过对原有知识的回顾，使学生接受新知识的生成更为自然。让学生动手体验图形变换的本质和变式，这是深度学习的特征之一。

（三）例题分析

如图 4-2-86，图（1）、图（2）都是对称图形。仿照图（1）和图（2），完成图（3）至图（5），使图（1）、图（2）成轴对称图形，画出图（5）、图（6）的中心对称图形.

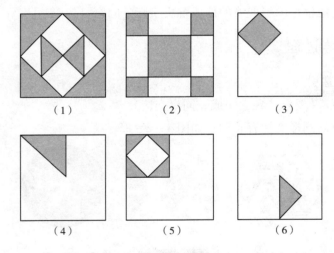

图 4-2-86

【设计意图】通过图形示范到动手操作，让学生在模仿中不断思考，在实践中不断强化对图形变化本质的理解。类比旧知识，建立与旧知识之间的联系是学生能够进行深度学习的途径和方法。

（四）形成性练习

1. 下列图形中，是轴对称图形而不是中心对称图形的是（　　）

A   B   C   D

2. 下列这些美丽的图案，都是在"几何画板"软件中利用旋转的知识在一个图案的基础上加工而成的，每一个图案都可以看作它的"基本图案"绕着它的旋转中心旋转得来的，旋转的角度正确的为（   ）

  A. 30°   B. 60°   C. 120°   D. 90°

【设计意图】学生用所学知识解决问题。所选题目解决的本质在于图形变换，又高于简单的图形变化，有利于学生对所学习的知识进行深度思考和探究。（学以致用）

（五）巩固性练习

某正方形园地是由边长为 1 的四个小正方形组成的，现要在园地上建一个花坛（阴影部分），使花坛面积是园地面积的一半．以下图中设计不符合要求的是（   ）

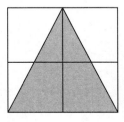 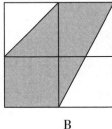 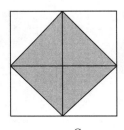 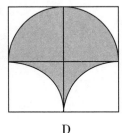

  A   B   C   D

【设计意图】逐层递进知识难度，让学生在图形变换中不断深入思考和其他知识的融合，并逐步综合运用知识来解决问题。

（六）综合性练习

如图 4 - 2 - 87，面积为 12 cm² 的 △ABC 沿 BC 方向平移至 △DEF 的位置，平移的距离是边 BC 长的 2 倍，则四边形 ACED 的面积为（   ）

  A. 24 cm²   B. 36 cm²   C. 48 cm²   D. 无法确定

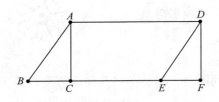

图 4 - 2 - 87

【设计意图】迁移情境与知识点，巩固学生对前面知识的理解，学习活学活用图形变化的性质和特点来解决问题，逐步培养学生解决数学问题的能力。

（七）课堂小结

这节课我们收获了什么？

【设计意图】由复习旧知引出新课，构建知识的连接，类比轴对称和中心对称图形变换的特点，来综合性地解决相应的问题，这也是学生进行深度学习的要求。

（八）检测反馈

如图 4 - 2 - 88，$\triangle ABC$ 三个顶点的坐标分别为 A（1，1），B（4，2），C（3，4）.

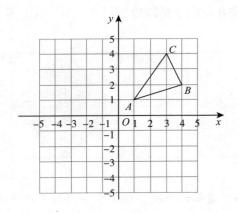

图 4 - 2 - 88

（1）请画出将 $\triangle ABC$ 绕点 A 顺时针旋转 $90°$ 后得到的图形 $\triangle AB_1C_1$；

（2）请画出 $\triangle ABC$ 关于原点 O 成中心对称的图形 $\triangle A_2B_2C_2$；

（3）在 x 轴上找一点 P，使 $PA + PB$ 的值最小，请直接写出点 P 的坐标.

【设计意图】通过检测，巩固所学知识，提升动手能力，检测学习效果，为下一节教学提供帮助。

（九）作业

《宝典作业本》B 本：A、B 组题必做，C 组题选做。

【设计意图】分层做作业，体现分层教学，因材施教。

五、教学反思

深度学习对于初中数学课堂来说，是有效提升学生数学学习能力，培养中学生数学核心素养的方法和途径。这节课上完以后，笔者对如何引导学生进行深度学习有了更多的反思：

1. 本案例的教学设计以开放性的问题引入，有利于全体学生进行思考，全体同学只有在思维活跃、积极思考的时候，才能对知识有更多的理解和领悟。轴对称和中心对称是学过的知识，自我回顾能够加深对知识的记忆，也对后面的应用打下基础。同时也可以使学生加强新旧知识的联系，真正体现深度学习是形成知识的网格化，而不是零星和碎片，更有利于学生头脑中知识网络的形成。

2. 本案例的原理探究环节采取了互助合作的学习模式。同学之间通过对图形变换的复习，在讨论的时候就能更加深入地去理解图形变换的特点，就能更加深刻地理解知识的本质，逐步培养深度学习的思维特征。

3. 不同的练习有着不同的作用，每个练习逐层递进，让学生的思维在题目的不断变换中以图形变换为本质，结合其他所学知识进行更加深入的思考，并且可以利用同学之间的分享和交流对知识有更深层次的理解。深入理解知识本质的同时，更培养了综合性分析、思考的能力，而知识的迁移又是我们深度思考、解决问题的方向。

数学课堂需要培养数学的思维模式，学会利用数学知识的本源和知识的迁移去解决实际问题。因此，将深度学习更多地融入数学课堂，会更加有助于学生数学能力的提高和数学思维的培养。

案例 9 《圆周角》教学设计

珠海市城东中学　刘　丽

一、教学目标

1. 理解圆周角的概念。

2. 掌握圆周角定理以及推论 1。

3. 能够运用圆周角定理及其推论解决圆相关问题。

二、教学重点难点

1. 教学重点

圆周角概念，圆周角定理的推导过程，以及圆周角定理推论 1。

2. 教学难点

圆周角定理的推导过程，圆周角定理，以及推论 1 的运用。

三、教学过程

（一）温故知新（图 4 – 2 – 89）

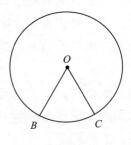

图 4 – 2 – 89

1. 什么样的角是圆心角？

答：顶点在圆心上的角。

2. 圆心角、弧、弦三个量之间有什么关系？

答：在同圆或等圆中，相等的圆心角所对的弧相等，所对的弦相等。

【设计意图】通过复习，使学生加强新旧知识的联系，克服知识零碎、孤立的浅层学习弊端。

（二）问题情境

如图4-2-90，当球员在 B，D，E 处射门时，他所处的位置对球门 AC 分别形成三个张角∠ABC，∠ADC，∠AEC，这三个角有什么特征？

图4-2-90

答：顶点在圆上，并且两边都与圆相交。

【设计意图】通过创设问题情境，引出所学知识。

（三）原理探究

1. 圆周角

顶点在圆上，并且两边都与圆相交的角，叫作圆周角。

特征：① 角的顶点在圆上；② 角的两边都与圆相交。

2. 明辨真假

判断图4-2-91中所画的∠P 是否为圆周角，并说明理由。

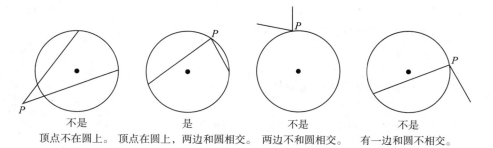

| 不是 | 是 | 不是 | 不是 |
| 顶点不在圆上。 | 顶点在圆上，两边和圆相交。 | 两边不和圆相交。 | 有一边和圆不相交。 |

图4-2-91

3. 动手操作

如图4-2-92，在圆中任意画一个圆周角∠BAC，看一下圆心在什么位置。画出圆周角所对弧所对的圆心角∠BOC。猜想圆周角∠BAC 与圆心角∠BOC 的关系。

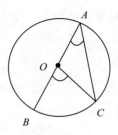 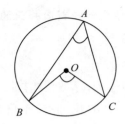 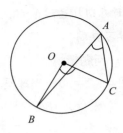

圆心在一边上　　　　　圆心在角内　　　　　圆心在角外

图 4－2－92

4. 证明猜想

（1）如图 4－2－93，圆心在 $\angle BAC$ 的一边上.

由于 $OA = OC$.

因此 $\angle C = \angle BAC$，

而 $\angle BOC = \angle BAC + \angle C$，

所以 $\angle BAC = \dfrac{1}{2}\angle BOC$.

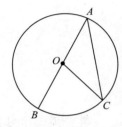

图 4－2－93

（2）如图 4－2－94，圆心在 $\angle BAC$ 的内部.

作直径 AD.

由于 $\angle BAD = \dfrac{1}{2}\angle BOD$，$\angle DAC = \dfrac{1}{2}\angle DOC$，

所以 $\angle BAD + \angle DAC = \dfrac{1}{2}\left(\angle BOD + \angle DOC\right)$.

即 $\angle BAC = \dfrac{1}{2}\angle BOC$.

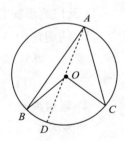

图 4－2－94

（3）如图 4－2－95，圆心在 $\angle BAC$ 的外部.

作直径 AD.

由于 $\angle DAB = \dfrac{1}{2}\angle DOB$，$\angle DAC = \dfrac{1}{2}\angle DOC$，

所以 $\angle DAC - \angle DAB = \dfrac{1}{2}\left(\angle DOC - \angle DOB\right)$.

即 $\angle BAC = \dfrac{1}{2}\angle BOC$.

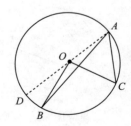

图 4－2－95

【**设计意图**】通过原理探究，让学生接受新知识的生成更为自然。让学生初步体验圆周角定理的探究过程，从本质到变式，这是深度学习特征之一。

5. 引入新知（图 4 – 2 – 96）

圆周角定理：在同圆或等圆中，同弧或等弧所对的
圆周角相等，都等于这条弧所对的圆心角的一半。

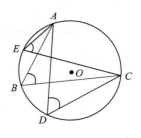

图 4 – 2 – 96

例 如图 4 – 2 – 97，根据条件求∠A.

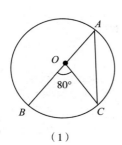 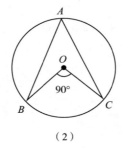 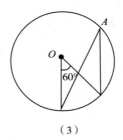

（1）　　　　　　　　（2）　　　　　　　　（3）

图 4 – 2 – 97

【设计意图】展示圆周角定理，通过简单练习让学生对定理获得更加直观的
了解。

6. 定理推论 1

如图 4 – 2 – 98，同弧或等弧所对的圆周角相等，即
∠C = ∠D.

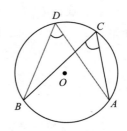

图 4 – 2 – 98

思考： 在同圆或等圆中，如果两个圆周角相等，它们所对弧一定相等吗？
为什么？

答：在同圆或等圆中，如果两个圆周角相等，它们所对弧一定相等。

因为，在同圆或等圆中，如果圆周角相等，那么它所对的圆心角也相等，
因此它所对的弧也相等。

【设计意图】展示圆周角定理的推论，让学生对定理推论获得更加直观的了

解，并设计思考题，提高学生对概念的掌握。

（四）例题精练

如图 4 – 2 – 99，点 A，B，C，D 都在 ⊙O 上，找出图中相等的角．

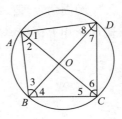

图 4 – 2 – 99

【设计意图】通过练习了解学生对圆周角的理解。

（五）形成性练习

如图 4 – 2 – 100，点 A，B，C 在 ⊙O 上，$\angle A = 60°$，则 $\angle BOC =$ _____．

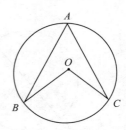

图 4 – 2 – 100

【设计意图】设计简单的变式，了解学生的定理运用情况。

（六）巩固性练习

如图 4 – 2 – 101，$\triangle ABC$ 是 ⊙O 的内接三角形，P 为 AB 上一点，连接 PC，$\angle 1 = \angle 2 = 60°$，求证：$\triangle ABC$ 为等边三角形．

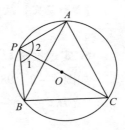

图 4 – 2 – 101

【设计意图】提高学生综合运用知识的能力。

（七）拓展性练习

如图 4 – 2 – 102，四边形 $ABCD$ 内接于 ⊙O，点 E 在对角线 AC 上，$EC = BC = DC$．

（1）若 $\angle CBD = 39°$，求 $\angle BAD$ 的度数；

（2）求证：$\angle 1 = \angle 2$．

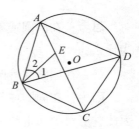

图 4 – 2 – 102

【设计意图】提高难度，让学生进一步掌握圆周角定理及其推论。

（八）课堂小结

圆周角概念，圆周角定理及推论1。

【设计意图】由复习旧知识引出新课，构建知识的连接，类比解一元一次方程的步骤，这是深度学习的要求。

（九）检测反馈

（1）如图 4 - 2 - 103，若 $\angle AOB = 80°$，则 $\angle C =$ _____.

（2）如图 4 - 2 - 104，$\overset{\frown}{AB} = \overset{\frown}{BC}$，$\angle D = 35°$，则 $\angle E =$ _____.

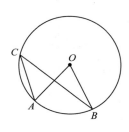

图 4 - 2 - 103

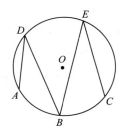

图 4 - 2 - 104

【设计意图】通过检测，巩固所学知识，检测学习效果，为下一节教学提供帮助。

（十）作业

《分层作业》A 版 P45 圆周角（1）。

【设计意图】分层做作业，体现分层教学，因材施教。

四、教学反思

本次教学设计的教学目标是理解圆周角的概念，掌握圆周角定理以及推论，能够运用圆周角定理及其推论解决圆相关问题。教学的重点放在了圆周角概念的理解及圆周角定理的推导过程上；教学难点主要是理解知识发生的过程（即圆周角定理的推导过程），以及利用圆周角定理及推论1进行实际运用。

在课前，我们所做的工作有：教案的设计；问题情境的构思；新课导入的方式；圆周角定理知识发生过程的设计；问题及例题的难度和梯度设计；思考题的设计；板书设计；听取指导教师及科组其他教师的指导意见并修改；等等。在课中，笔者按照事先编排的程序进行，在原教案的基础上进行适当的删减，例如在圆周角定理的推导过程所用时间比原计划略有减少，其他都按照计划进行。

课后，综合科任教师和指导教师的意见，笔者认为，本次课的优缺点如下：

优点：

（1）教学设计完整，内容较丰富。

（2）时间把控较好。

问题：

（1）定理形成过程讲解较快，时间分配较少。

（2）语速较快，板书书写只是示意，应重点板书几何语言。

（3）画图部分可以让学生动手，分步骤画图等。

综合教师们的意见，下次再上该课时，知识发生的过程时间再多利用一点，语速再慢一点，几何语言重点突出一点，让学生能够对所学知识学得更主动、更清晰。

案例 10 《24.1.2　垂直于弦的直径》教学设计

珠海市第七中学　鹿建国

一、教学目标

1. 知识与技能

（1）使学生理解圆的轴对称性。

（2）掌握垂径定理。

（3）学会运用垂径定理解决有关的证明、计算和作图问题。

2. 过程与方法

经历探索发现圆的对称性、证明垂径定理及推论的过程，锻炼学生的思维品质，学习证明的方法。

3. 情感、态度与价值观

在学生通过观察、操作、变换和研究的过程中进一步培养学生的思维能力、创新意识以及良好的运用数学的习惯和意识。

二、教学重点难点

1. 教学重点

垂径定理及其推论的发现与证明。

2. 教学难点

能应用垂径定理及推论进行简单计算或证明。

三、教学过程

（一）课堂引入

课前准备一张圆形纸片（标注圆心）。

（1）沿圆心对折，你会发现圆是一个什么图形？

（2）再沿直径向上折，你会发现折痕是圆的一条弦。这条弦被直径怎样了？

（3）一个残缺的圆形物件。你能找到它的圆心吗？

（4）赵州桥是我国古代桥梁史的骄傲，我们能求出主桥拱的半径吗？

【设计意图】将一个个的问题抛出，引导学生进行思考，调动学生的学习积极性，培养学生探究问题的习惯。

（二）原理探究

1. 圆的对称性

圆是轴对称图形吗？它有几条对称轴？它们有什么共同的特点？

2. 垂径定理

（思考）如图 4－2－105，AB 是 $\odot O$ 的一条弦，作直径 CD，使 $CD \perp AB$，垂足为 E。

（1）你能发现图中有哪些相等的线段和弧？请说明理由。

（2）你能用一句话概括这些结论吗？（垂径定理：垂直于弦的直径平分弦，并且平分弦所对的两条弧。）

（3）你能用几何方法证明这些结论吗？

（4）你能用符号语言表达这个结论吗？

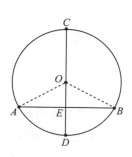

图 4－2－105

3. 垂径定理的推论

如图 4-2-105，若直径 CD 平分弦 AB，则

（1）直径 CD 是否垂直且平分弦所对的两条弧？如何证明？

（2）你能用一句话总结这个结论吗？（即推论：平分弦的直径也垂直于弦，并且平分弦所对的两条弧。）

（3）如果弦 AB 是直径，以上结论还成立吗？

【设计意图】 培养学生的观察能力、分析能力和概括能力，使学生主动地获得知识，让学生进一步熟悉垂径定理的条件与结论，使学生以后在应用中能够"知二推三"，并培养学生的团队意识及资源共享的意识。

（三）例题分析

例1 如图 4-2-106 所示，AB 是 $\odot O$ 的弦，$OC \perp AB$ 于 C，若 $AB = 2$ cm，$OC = 1$ cm，则 $\odot O$ 的半径为_____ cm.

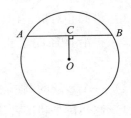

图 4-2-106

例2 图 4-2-107 是赵州桥的几何示意图，若其中 AB 是桥的跨度，为 37.4 米，桥拱高 CD 为 7.2 米，你能求出它所在的圆的主桥拱半径吗？

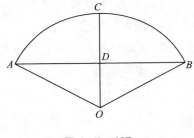

图 4-2-107

【设计意图】 垂径定理的基本应用，了解圆中辅助线的添法。

（四）形成性练习

1. 下列说法：①圆的对称轴是一条直径；②经过圆心的每一条直线都是圆的对称轴；③与半径垂直的直线是圆的对称轴；④垂直于弦的直线是圆的对称轴。其中正确的有（　　）

A. 1 个　　　　B. 2 个　　　　　C. 3 个　　　　　D. 4 个

2. 圆的半径为 2 cm，圆中的一条弦的长为 $2\sqrt{3}$ cm，则此弦的中点到所对优弧中点的距离是（　　　）

A. 1 cm　　　　　B. $\sqrt{3}$ cm　　　　　C. 3 cm　　　　　D. $2\sqrt{3}$ cm

3. 填空：如图 4－2－108，CD 是 ⊙O 的直径，AB 弦与 CD 相交于点 E，若 $AE = BE$，则_____．（只需填写一个适当的结论。）

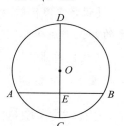

图 4－2－108

【设计意图】形成应用垂径定理解决问题的基本技能，找出垂径定理所需的条件，巩固并熟练垂径定理的使用方法。

（五）巩固性练习

已知：如图 4－2－109，AB 是 ⊙O 直径，CD 是弦，$AE \perp CD$，$BF \perp CD$．

求证：$EC = DF$．

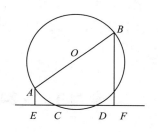

图 4－2－109

【设计意图】展示垂径定理不仅仅用于长度的计算，还可以用于几何证明。

（六）综合性练习

已知：如图 4－2－110，在 ⊙O 中，AB，AC 是两条互相垂直且相等的弦，$OD \perp AB$，$OE \perp AC$，垂足分别为 D，E．

求证：四边形 $ADOE$ 是正方形．

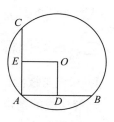

图 4－2－110

【设计意图】综合应用，利用垂径定理解决四边形问题。

（七）课堂小结

小组讨论，代表发言：通过这堂课的学习你有什么收获？知道了哪些新知识？学会了做什么？

【设计意图】鼓励学生进行自我评价，培养学生归纳和语言表达能力，使学生的知识形成体系。

（八）作业

课本 P78 练习第 1 题、第 2 题。

四、教学反思

有效的数学教学过程要努力从实际问题中抽象出数学问题，培养学生建立数学模型的能力。组织学生经历"实验—观察—猜想—证明"的数学探究过程，这既符合新课程理念，也符合启发式教学的要求，让每个学生多动手、多思考、多归纳，培养学生直觉思维能力。本节课努力向学生渗透"由特殊到一般，再由一般到特殊"的基本思想方法，赵州桥的相关资料也培养了学生的民族自豪感，实例再一次证明数学来源于生活，服务于生活。

案例 11 《24.2.2 切线的判定（2）》教学设计

珠海市红旗中学 张伟婉

一、教学内容

人教版（2011）九年级上册第 97 页。

二、教学目标

1. 知识与技能

理解切线的判定定理，掌握判定切线的三种常用方法。

2. 过程与方法

通过探索判定切线的不同方法，掌握常用辅助线做法。

3. 情感、态度与价值观

通过定理学习，培养学生观察、分析和归纳问题的能力，激发学习兴趣。

三、教学重点难点

1. 教学重点

切线的判定定理的理解和应用。

2. 教学难点

判定切线的三种方法的灵活应用。

四、教学准备

多媒体课件、圆规、三角板、学案。

五、教学过程

（一）复习引入

问题1 直线与圆有哪些位置关系？（表 4 – 2 – 1）

表 4 – 2 – 1

直线与圆的 位置关系	相交	相切	相离
图形	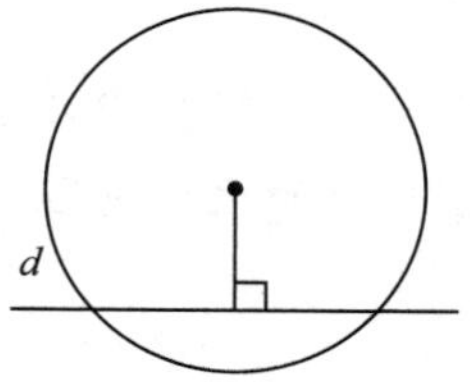	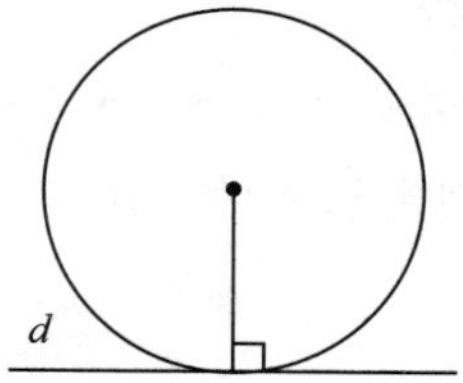	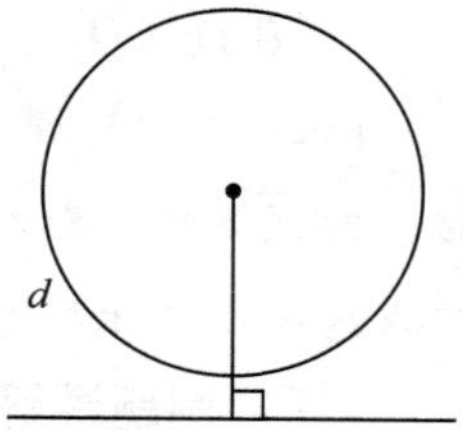
公共点			
圆心到直线距离 d 与半径 r 的关系			

问题2 如何判断一条直线是圆的切线？

（1）切线的定义：与圆有唯一公共点的直线是圆的切线。

（2）d 与 r 的关系：当 $d = r$ 时，直线是圆的切线。

问题3 还有没有其他方法判定一条直线是圆的切线?

【设计意图】通过复习引入,把新知识点与学生已掌握的知识点构建联系,让学生体会到知识点并不是孤立存在的,而是相互联系的,从而自然引入新知识,构建知识网络,促使学生进行深度学习。

(二) 原理探究

1. 活动

任意画一个 $\odot O$,如图 4 – 2 – 111,经过半径 OA 的外端点 A 作直线 $AB \perp OA$。

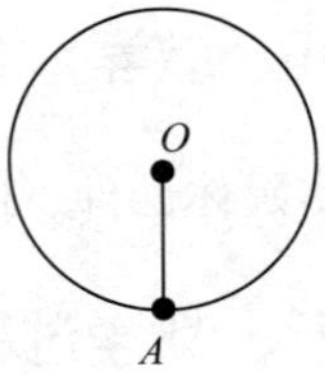

思考:

(1) 圆心 O 到直线 AB 的距离是多少?

(2) 直线 AB 与 $\odot O$ 有什么位置关系?

(3) 由此你发现直线与圆满足什么条件时相切?

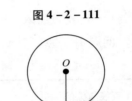

图 4 – 2 – 111

2. 发现定理 (图 4 – 2 – 112)

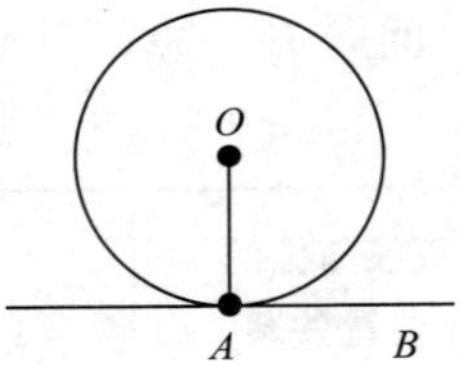

切线的判定定理:经过半径的外端并且垂直这条半径的直线是圆的切线。

几何语言:

∵ OA 是半径,$AB \perp OA$

∴ AB 是 $\odot O$ 的切线

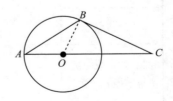

图 4 – 2 – 112

【设计意图】通过探究活动,学生动手操作、积极讨论并回答教师设计的问题,尝试概括出新的判定切线的方法,体验知识的生成过程,变被动接受知识的浅层学习为深度学习。

(三) 例题讲解

例1 如图 4 – 2 – 113,在 $\triangle ABC$ 中,$\angle A = \angle C = 30°$,$AB$ 是 $\odot O$ 的弦,AC 过圆心 O.

求证:BC 是 $\odot O$ 的切线.

证明:连接 OB

∵ $OA = OB$,$\angle A = \angle C = 30°$

∴ $\angle ABO = \angle A = \angle C = 30°$

∴ $\angle OBC = 180° - \angle ABO - \angle A - \angle C = 90°$

即 $OB \perp BC$

∴ BC 是 $\odot O$ 的切线

图 4 – 2 – 113

例2 如图 4 - 2 - 114，已知 O 为 $\angle BAC$ 平分线上一点，$OD \perp AB$ 于 D，以 O 为圆心，OD 为半径作 $\odot O$. 求证：$\odot O$ 与 AC 相切．

证明：过 O 作 $OE \perp AC$ 于 E.

∵ AO 平分 $\angle BAC$，$OD \perp AB$ 于点 D，

∴ $OD = OE$

∵ OD 是 $\odot O$ 的半径

∴ OE 也是半径

∴ AC 是 $\odot O$ 的切线

方法归纳：①有交点，连，证；②无交点，作，证。

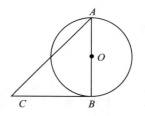

图 4 - 2 - 114

【设计意图】通过两道例题引导学生探索切线不同的证明方法，体验、分析这两种典型证明方法的本质的区别。

（四）形成性练习

判断对错：

（1）过半径的外端的直线是圆的切线．（ ）

（2）与半径垂直的直线是圆的切线．（ ）

（3）过半径的端点与半径垂直的直线是圆的切线．
（ ）

（4）如图 4 - 2 - 115，AB 为 $\odot O$ 的直径，$AB = BC$，$\angle A = 45°$，则 BC 是 $\odot O$ 的切线．（ ）

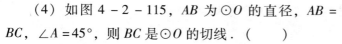

图 4 - 2 - 115

【设计意图】通过形成性练习把所学定理进行变形、变式，让学生进行辨析，促使学生对学习对象进行深度加工和深度学习。

（五）巩固性练习

1. 如图 4 - 2 - 116，AC 是 $\odot O$ 的直径，点 D 在 $\odot O$ 上，过点 D 的直线 BD 与 AC 的延长线交于点 B，$AE \perp BD$，垂足为点 E，AD 平分 $\angle BAE$. 求证：BD 是 $\odot O$ 的切线．

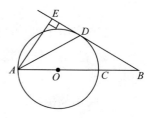

图 4 - 2 - 116

2. 如图 4 - 2 - 117, $AB = 8$ 是大圆⊙O 的弦, 大圆半径为 $R = 5$, 则以 O 为圆心、3 为半径的小圆与 AB 的位置关系是什么? 说说你的理由.

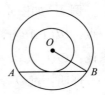

图 4 - 2 - 117

【设计意图】巩固性练习设计的 2 个题目分别对应 2 道例题证切线的两种不同思路。通过巩固性练习, 促使学生经历知识迁移, 加深学生对本节课所学知识的理解, 加强学生灵活应用知识的能力。

（六）综合性练习

如图 4 - 2 - 118, AB 为⊙O 的直径, 弦 DC 延长线上有一点 P, $\angle PAC = \angle PDA$.

（1）求证: PA 是⊙O 的切线.

（2）若 $AD = 6$, $\angle ACD = 60°$, 求⊙O 的直径.

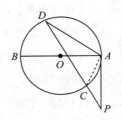

图 4 - 2 - 118

【设计意图】综合性练习设计的题目难度和综合性符合教学班学生实际学情, 通过综合性练习提升学生灵活运用所学知识解题的能力。

（七）课堂小结

师生问答:

1. 判断切线的方法有哪些?

（1）利用切线的定义: 与圆有唯一公共点的直线是圆的切线。

（2）利用 d 与 r 的关系: 当 $d = r$ 时, 直线是圆的切线。

（3）利用切线的判定定理: 经过半径的外端并且垂直于这条半径的直线是圆的切线。

2. 常用的添辅助线方法有哪些?

（1）有交点, 连半径, 证垂直。

（2）无交点, 作垂直, 证半径。

【设计意图】以师生问答的互动方式, 引导学生回顾本节课所学内容并归纳小结, 形成知识结构, 加深对解题方法的理解和记忆, 进而能够灵活运用。

板书设计

24. 2. 2（2）切线的判定

证切线的方法：

① 唯一公共点；

② $d = r$。

切线的判定定理：

经过半径的外端并且垂直

这条半径的直线是圆的切线。

几何语言：

∵ OA 是半径，$AB \perp OA$，

∴ AB 是 ⊙O 的切线。

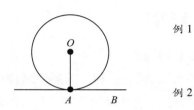

例 1

例 2

六、教学反思

本节课通过问题追问式复习引入，承上启下，把新知识与学生已掌握的旧知识联系起来，学生在教师的层层追问下积极思考、回答，建构知识网络。接着，在"原理探究"部分，学生通过自主画圆去思考、回答预设的问题，引导学生发现定理，自然生成切线的判定定理，有利于学生深刻理解定理的合理性。例题讲解部分选择了证明切线的两种典型思路的两道例题，证明过程采用填空的形式，既训练了学生自主完成证明过程的能力，又一定程度降低了难度，节省了例题探究的时间，同时又引导学生归纳证明思路，适时提炼方法，促使学生对例题理解更深刻。形成性练习采用判断题的题型，让学生辨析概念，花的时间不多，但对学生准确理解定理的关键点很有帮助；巩固性练习分别对应两道例题介绍的两种证明思路，学生解题即经历知识迁移，强化了学生用定理进行相关证明的理解；综合性练习更大程度训练了学生应用定理解决问题的能力。

案例 12 《24.2.2 切线长定理》教学设计

珠海市横琴新区第一中学 宋君远

一、教学目标

（1）切线长定理的证明。

目标（1）达成标志：利用图形的对称性来证明切线长定理，让学生通过动手操作画切线，结合学过的全等三角形的知识来解决。

（2）圆内如何添加辅助线帮助解题。

目标（2）达成标志：让学生能够运用圆的基本性质和切线长定理构造出全等三角形，利用全等三角形的性质来解决相应的问题。

二、学情分析

（1）学生已经掌握了圆的基本性质以及全等三角形的基本性质，具备选取基本图形的能力。

（2）通过自己动手操作的过程，可以更多地感知图形的性质并利用这些性质来解决问题。

三、学习环境的设计

1. 学习资源的设计

教材：人教版（2014）九年级数学下册

课件：针对本课内容自制的 PowerPoint 多媒体课件。

教学资源：PPT 课件——知识展现和进行图案辨析；投影仪——展示相应图形；彩色水笔、直尺、圆规；等等。

2. 教学内容分析

重点：掌握切线长的定义及切线长定理的证明。

难点：初步学会运用切线长定理进行计算与证明。

解决策略：对切线长的定义有了一定的了解之后，再通过对称图形的相关性质和全等三角形的性质，就可以得出切线长定理的证明。进行切线长定理的计算和证明也是紧紧围绕着全等三角形来确定的，从而解决相应的实际问题。

四、教学过程

（一）情境引入

由生活常见问题入手，了解切线在实际生活中的应用（观看 PPT 图片，见图 4 - 2 - 119）。

图 4 - 2 - 119

（二）探究新知

思考：

（1）过⊙O 外一点 P 如何画出⊙O 的切线？如图 4 - 2 - 120，借助三角板，可以画出⊙O 的切线 PA.

（2）这样的切线能画出几条？

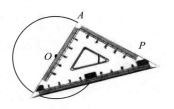

图 4 - 2 - 120

（3）如图 4 - 2 - 121，如果∠P = 50°，求∠AOB 的度数.

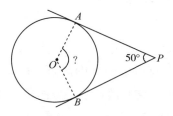

图 4 - 2 - 121

自学交流。（要求：独立完成，同桌交流）

【设计意图】开放性问题的设置，让每名学生都积极思考，参与到学习过程中。通过画出的不同图形，在探究中可以让学生对切线的定义有更加深入的了解。促使学生对知识点进行深度思考。

（三）原理探究

思考：

（1）如图 4 - 2 - 122，PA 为 $\odot O$ 的一条切线，沿着直线 PO 对折，设圆上与点 A 重合的点为 B.

（2）OB 是 $\odot O$ 的一条半径吗？PB 是 $\odot O$ 的切线吗？PA，PB 有何关系？$\angle APO$ 和 $\angle BPO$ 有何关系？

（3）你如何证明以上的结论？

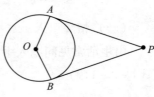

图 4 - 2 - 122

【设计意图】通过引导操作，加上问题串的形式，步步深入地让学生对图形有更多的理解和思考，激发学生不断利用以后的知识去探究新知并想办法验证结论的正确性，对知识有更多的理解。

切线与切线长的区别（学生讨论可以得出，教师及时指正引导）：

（1）切线是一条与圆相切的直线，不能度量；

（2）切线长是线段的长，这条线段的两个端点分别是圆外一点和切点，可以度量。

（四）例题分析

已知，如图 4 - 2 - 123，PA，PB 是 $\odot O$ 的两条切线，点 A，B 为切点.

求证：$PA = PB$，$\angle APO = \angle BPO$.

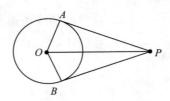

图 4 - 2 - 123

切线长定理：从圆外一点可以引圆的两条切线，它们的切线长相等，这一点和圆心的连线平分两条切线的夹角。

几何语言：$\because PA$，PB 是 $\odot O$ 的切线，点 A，B 是切点，

$\therefore PA = PB$，$\angle OPA = \angle OPB$.

【设计意图】通过结论的证明，让学生理解切线长定理，同时针对图形进行研究，满足哪些条件可以得出相应的结论，让学生在全等证明中不断思考切线

相关的性质和结论，在实践中不断强化对切线长定理的理解。

（五）形成性练习

变式1：如图4-2-124，若联结两切点 A，B，AB 交 OP 于点 M，OP 和 AB 有什么关系？并给出证明．

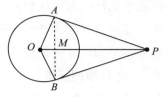

图4-2-124

【设计意图】学生用所学知识解决问题，所选题目解决的本质在于图形变换又高于原题的一些变化，有利于学生对所学习的知识进行深度思考和探究。（学以致用）

（六）巩固性练习

变式2：如图4-2-125，若延长 PO 交⊙O 于点 C，联结 CA，CB，则 CA，CB 的长是否相等？并给出证明．

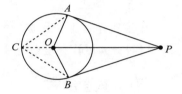

图4-2-125

【设计意图】逐层递进知识难度，让学生在图形变换中不断深入思考和其他知识的融合，并逐步综合运用知识来解决问题。

（七）综合性练习

已知：如图4-2-126，四边形 $ABCD$ 的边 AB，BC，CD，DA 与⊙O 分别相切于点 E，F，G，H.

求证：$AB + CD = AD + BC.$

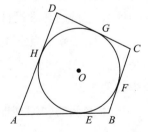

图4-2-126

【设计意图】迁移情境与知识点，巩固学生对前面知识的理解，活学活用切线长定理来解决实际问题，利用已有知识解决现在的问题，逐步培养学生通过知识综合来解决数学问题的能力。

（八）课堂小结

这节课我们收获了什么？

【设计意图】由生活情境引出新课，构建知识的联结，通过对切线长定理的探究掌握切线长定理的内容，并且通过变式更加深入地思考和探究相关结论，从而可以更好地应用切线长定理，综合性地解决相应的问题，达到让学生深入思考、深入学习的目的。

（九）检测反馈

如图 4-2-127，△ABC 的内切圆⊙O 与 BC，CA，AB 分别相切于点 D，E，F，且 $AB = 13$ cm，$BC = 14$ cm，$CA = 9$ cm，求 AF，BD，CE 的长.

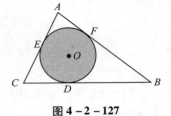

图 4-2-127

【设计意图】通过检测，巩固所学知识，提升动手能力，检测学习效果。

（十）作业

《宝典作业本》B 本：A、B 组题必做，C 组题选做。

【设计意图】分层做作业，体现分层教学，因材施教。

五、教学反思

动手操作也是引发学生思考的积极的教学方法之一。学生通过实践引发思考，通过探究加深思考，整个过程就是让学生在不断的思考中获取新知的过程。本节课笔者有如下反思：

1. 本案例的教学设计以实际生活的问题引入，是学生熟悉的事物，更有利于学生进行思考。当学生通过动手操作得出相应的结论，并想去证明的时候，就是他们思维的活跃。活跃的思维才能引发更多的思考，而更多的思考才是知识生成的基础。

2. 本案例的"原理探究"环节采取了互助合作的学习模式，同学之间通过实践动手，在讨论的时候就能更加深入地去感受图形元素之间的特点，从而由已知推未知，培养好的思维习惯和思维方式。

数学课堂上的学生应该是主动地、积极地去思考问题的，只有积极参与、不断思考，才能在知识生成的过程中有自己的感悟和体会，才能真正培养数学能力。

案例 13 《图形的相似》教学设计

珠海市横琴新区第一中学　宋君远

一、教学目标

（1）理解并掌握两个图形相似的概念。

达成标志：通过对典型图案的欣赏、分析，能提取相似图形的特点，从而来判断图形的相似。

（2）了解成比例线段的概念，会运用比例进行相关的计算。

达成标志：让学生能够运用成比例进行图形相似的相关计算，用来解决和其相关的实际问题。（注重培养学生的实践能力和探究精神，感受到数学与现实世界的联系，体会数学来源于生活，又服务生活。）

二、学情分析

（1）学生已经掌握了全等三角形的性质，具备通过基本图形提炼相关结论的能力。

（2）在小学学过的数的比及比例的基本性质等知识的基础上，学习成比例线段。

三、学习环境的设计

1. 学习资源的设计

教材：人教版（2014）九年级数学下册

课件：针对本课内容自制的 PowerPoint 多媒体课件。

教学资源：PPT 课件——知识展现和进行图案辨析；投影仪——展示相应图形；卡纸、彩色水笔、直尺、圆规；等等。

2. 教学内容分析

重点：相似图形的概念与成比例线段的概念。

难点：运用相似多边形的特征进行相关的计算。

解决策略：通过观察图案得出相似的基本特点，精讲相似的特点，会判断图形的相似；复习数的比、比例的知识，精讲线段的比的特点并学会应用。

教学方法：小组讨论、合作探究。

四、教学过程

（一）课堂引入

自学交流。（要求：独立完成，同桌交流。）

旧知回顾：全等三角形的性质。

同学们自行阅读书上的内容后，尝试着完成下面的题目。

1. 如图 4－2－128，下面右边的四个图形中，与左边的图形相似的是（　　）

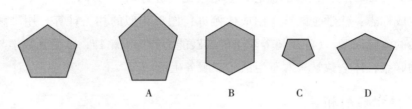

A　　　　B　　　　C　　　　D

图 4－2－128

2. 如图 4－2－129，从放大镜里看到的三角尺和原来的三角尺相似吗？

图 4－2－129

3. 图 4－2－130a～f 中，哪些是与图形（1）或（2）相似的？

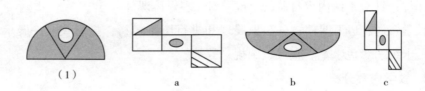

（1）　　　　a　　　　b　　　　c

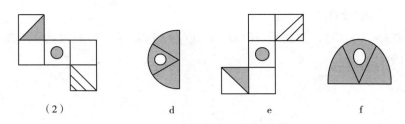

（2）　　　　　d　　　　　e　　　　　f

图 4 - 2 - 130

【设计意图】简单相似问题的设置，让每名学生都积极思考，参与到学习过程中。通过阅读书中内容，锻炼学生独立思考理解的能力。结合复习的全等图形的性质，让学生感受新旧知识的不同和联系，使学生加强对知识迁移的理解，克服知识零碎、孤立的浅层学习弊端。

（二）原理探究

（组内合作完成下面的内容，用时 5 分钟。）

思考：

（1）所有的圆都是相似形吗？

（2）所有的等边三角形都是相似形吗？

（3）所有的三角形都是相似形吗？

（4）所有的正方形都是相似形吗？

（5）所有的菱形都是相似形吗？

归纳总结：_____

相似多边形的特征：_____

相似比：_____

图 4 - 2 - 131 中的两个四边形 $ABCD$ 和 $A_1B_1C_1D_1$ 相似，那么_____.

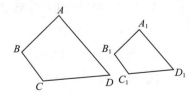

图 4 - 2 - 131

【设计意图】让学生实际观察体验两个相似图形之间的联系，达到深度思考的目的。

（三）例题分析

如图 4 – 2 – 132，四边形 $ABCD$ 和 $EFGH$ 相似，EH 的长度为 x. 求 $\angle\alpha$ 和 $\angle\beta$ 的大小.

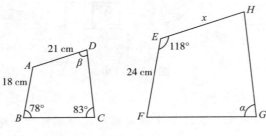

图 4 – 2 – 132

【设计意图】通过例题中具体的指向性问题，了解图形相似研究的就是图形的边与边、角和角之间的关系，过程中让学生在模仿中不断思考，在实践中不断强化对相似图形本质的理解。

（四）形成性练习

1. 下列说法正确的是（　　　）

A. 小明上幼儿园时的照片和初中毕业时的照片相似

B. 商店新买来的一副三角板是相似的

C. 所有的课本都是相似的

D. 所有的长方形都是相似的

2. 下列说法正确的是（　　　）

A. 所有的平行四边形都相似

B. 所有的矩形都相似

C. 所有的菱形都相似

D. 所有的正方形都相似

【设计意图】学生用所学知识解决问题，所选题目解决的本质在于学会通过定义和性质来对相关内容进行判断，其中既有批判性思维，同时也锻炼了学生对知识的进一步思考和对定义性质的深层次的掌握，有利于数学思维的养成和数学方法的培养。

（五）巩固性练习

1. 如图 4 – 2 – 133，在 △ABC 中，DE//BC，$\dfrac{AD}{BD}=$

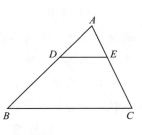

图 4 – 2 – 133

$\dfrac{1}{2}$，则 $\dfrac{AE}{EC}=$（ ）

A. $\dfrac{1}{3}$ B. $\dfrac{1}{2}$

C. $\dfrac{2}{3}$ D. $\dfrac{3}{2}$

2. 如图 4 – 2 – 134，直线 $l_1//l_2//l_3$，l_1，l_2，l_3 分别

交直线 m，n 于点 A，B，C，D，E，F，$AB=EF$，$BC=$

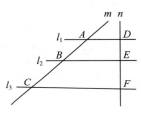

$\dfrac{25}{3}$，$DE=3$，则 $EF=$（ ）

A. 5   B. 6

C. 7   D. 8

图 4 – 2 – 134

【设计意图】逐层递进知识难度，让学生在题目的难度变换中不断深入思考本节课所学内容和其他相关知识的融合，并将现在所学知识和以往所学知识综合起来思考和解决问题。

（六）综合性练习

一张桌面的长 $a=1.25$ m，宽 $b=0.75$ m，那么长与宽的比是多少？

（1）如果 $a=125$ cm，$b=75$ cm，那么长与宽的比是多少？

（2）如果 $a=1250$ mm，$b=750$ mm，那么长与宽的比是多少？

【设计意图】本题目的设置加深了对相似图形性质的应用的难度，设置障碍让学生思考通过画图来帮助解决问题，既符合数学中数形结合解决问题的便捷性和直观性，也开启了自己构造几何图形帮助解决问题的大门。迁移情境与知识点，既巩固学生对前面知识的理解，同时学习如何活学活用图形来解决问题，培养学生解决数学问题的能力。

（七）课堂小结

这节课我们收获了什么？

【设计意图】由复习旧知引出新课，构建知识的连接，类比全等三角形的性质来学习相似三角形的性质，同时先让学生自己阅读并解决问题，可以引发学生更多的思考和对知识的探究。题目设置的逐层深入让学生利用所学习的知识不断加深思考，这个过程中既有数学方法的应用也有数学思维的锻炼，提升综合性地解决问题的能力，这也是学生进行深度学习的要求。

（八）检测反馈

1. 下列各组线段中，成比例的是（　　）

A. 2 cm，3 cm，4 cm，5 cm　　　　B. 2 cm，4 cm，6 cm，8 cm

C. 3 cm，6 cm，8 cm，12 cm　　　　D. 1 cm，3 cm，5 cm，15 cm

2. 如图 $4-2-135$，D，E 分别是 $\triangle ABC$ 的边 AB，AC 上的点，$DE // BC$，$AB = 7$，$BD = 2$，$AE = 6$，求 AC 的长．

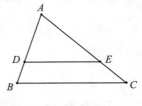

图 $4-2-135$

【设计意图】通过检测，巩固所学知识，提升动手能力，检测学习效果，为下一节教学提供知识的储备和做铺垫。

（九）作业

《宝典作业本》A 本：A、B 组题必做，C 组题选做。

【设计意图】分层做作业，体现分层教学，因材施教。

五、教学反思

初中数学课堂是进行深度学习的主阵地，只有课堂问题的巧妙设置及教师的开放性引导，才能引发学生的积极思考，才能真正地培养学生的数学核心素养。本节课笔者的反思如下：

1. 本案例的教学设计以需自学完成的问题引入，引发全体学生对本节课的内容进行学习和思考，过程中类比学习过的全等三角形的知识来研究相似三角形的定义和性质。通过引发学生思考感悟新知识的生成，深度的思考才会引发真正的深度学习，类比的学习方式也有利于学生头脑中知识网络的形成。

2. 本案例的探究环节采取小组合作、问题引领的模式。同学之间的讨论引发的思维碰撞更能加深对知识的探究和理解，在进行深入思考的同时跟着设置的题目逐步由浅入深地探究，在过程中自然而然地生成知识，让学生通过思考得出结论，训练和培养进行深度学习的思维特征。

3. 练习的设计分为形成性练习、巩固性练习、综合性练习，不同的练习有着不同的作用，阶梯式题目设置，让学生的思维在题目的不断变换中，应用本节课所学习的知识，结合以往的知识综合性地解决问题。对本节课知识点加深理解的同时，更加提升了针对不同题目综合其他知识解决问题的能力，综合性分析、思考问题的能力得以提升。

深度学习的目的是让学生主动思考、积极探索，如何引导学生积极思考是我们在课程设计时要重点考虑的问题，这也是教师需要不断学习和研究探索的问题。

案例 14 《27.2.1 相似三角形的判定（1）》教学设计

珠海市城东中学　刘　丽

一、教学目标

（1）探究平行线分线段成比例定理。

（2）会利用相似三角形的性质证明平行线分线段成比例定理。

（3）通过平行线分线段成比例定理证明三角形相似，培养学生的对于知识的运用能力和知识迁移能力。

（4）体会数学的特点，了解数学知识发生的过程，体会数学的价值。

二、教学重点难点

1. 教学重点

平行线分线段成比例定理的探究及运用。

2. 教学难点

平行线分线段成比例定理的运用。

三、教学过程

（一）温故知新

（1）相似图形。

（2）相似多边形的性质。

（3）相似多边形的判定方法。

（4）相似三角形：三组对应角相等，三组对应边的比相等的两个三角形。

【设计意图】 复习相似多边形的相关知识，为后续相似三角形的学习做铺垫。

（二）探究新知

探究 1： 如图 $4-2-136$，$l_3 // l_4 // l_5$，若 $AB = BC$，那么线段 DE 与 EF 有怎样的数量关系？

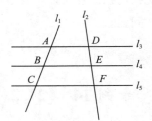

图 $4-2-136$

平行线等分线段定理：如果一组平行线在一条直线上截得的线段相等，那么在其他直线上截得的线段也相等。

探究 2： 三条距离不相等的平行线截两条直线会有什么结果？如图 $4-2-137$，$l_1 // l_2 // l_3$，那么 $\dfrac{AB}{BC}$ 与 $\dfrac{DE}{EF}$ 有怎样的关系？

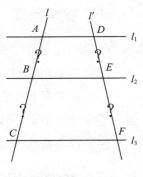

图 $4-2-137$

思考 1： 除 $\dfrac{AB}{BC} = \dfrac{DE}{EF}$ 之外，还有其他对应线段成比例吗？

【设计意图】 探究学习，让学生自主发现平行线等分线段定理和平行线分线段成比例定理。

平行线等分线段成比例定理（图4-2-138）：三条平行线截两条直线，所得的对应线段成比例。

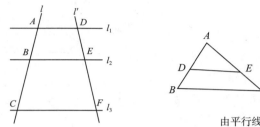

由平行线得A型或X型相似

图4-2-138

推论：平行于三角形一边的直线截其他两边（或两边的延长线）所得的对应线段成比例。

思考2：平行线分线段成比例定理与平行线等分线段定理有何联系？

【设计意图】具体展示定理及推论，并引申出相关的模型（A型和X型或者"8"字形模型），通过"思考2"让学生区分两个定理的联系。

（三）例题讲解

如图4-2-139，直线 $l_1//l_2//l_3$，直线 AC 和 DF 被 l_1，l_2，l_3 所截，$AB=5$，$BC=6$，$EF=4$，则 $DE=$ _____.

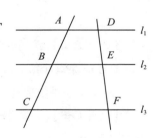

图4-2-139

【设计意图】学生对定理的初步运用，了解其掌握情况。

（四）形成性练习

如图4-2-140，已知 $AB//CD//EF$，那么下列结论正确的是（　　）

A. $\dfrac{CD}{EF}=\dfrac{BC}{BE}$

B. $\dfrac{BC}{CE}=\dfrac{DF}{AD}$

C. $\dfrac{AD}{DF}=\dfrac{BC}{CE}$

D. $\dfrac{CD}{EF}=\dfrac{AD}{AF}$

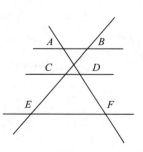

图4-2-140

173

【**设计意图**】提高一点难度，让学生学会灵活运用定理。

（五）巩固性练习

如图 4 - 2 - 141，已知 $BC//DE$，$AB = 15$，$AC = 9$，$BD = 4$. 求 AE 的长.

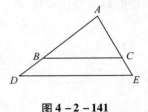

图 4 - 2 - 141

【**设计意图**】提高学生运用定理及论证能力，进一步了解学生对于定理学习的情况。

（六）拓展性练习

如图 4 - 2 - 142，过平行四边形 $ABCD$ 的一个顶点 A 作一直线分别交对角线 BD，边 BC，边 DC 的延长线于点 E，F，G. 求证：$EA^2 = EF \cdot EG$.

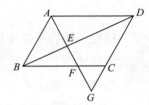

图 4 - 2 - 142

【**设计意图**】提高梯度，让层次高的学生得到更高水平的训练。

（七）课堂小结

平行线分线段成比例定理是什么？

【**设计意图**】了解学生对于课堂学习的掌握情况，提高学生的语言表达能力和归纳能力。

（八）检测反馈

1. 如图 4 - 2 - 143，$\triangle ADE \backsim \triangle ABC$，$AE = 4$ cm，$EC = 2$ cm，$BC = 3$ cm，$\angle C = 40°$，$\angle AED = $ _____，$DE = $ _____.

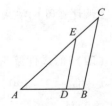

图 4 - 2 - 143

2. 如图 4 – 2 – 144，在 △ABC 中，DE//BC，∠ADE = ∠EFC，AD：BD = 5：3，CF = 6，求 DE 的长．

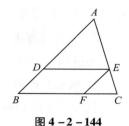

图 4 – 2 – 144

【设计意图】课堂及时检测，了解学生定理学习的情况。

（九）作业

《分层作业》B 版 P69—70

【设计意图】加强学生课后的练习，进一步掌握定理。

四、教学反思

本节课的重点安排是两个定理的证明，教学设计希望向学生渗透定理的形成过程。但是在实际的操作过程中发现，笔者对知识的重点难点没把握准确，人教版现阶段的教材淡化了一点证明的过程，尤其是"平行线等分线段定理"这一部分，本节课在这个部分花时间过长。另外，在提到合比、分比、反比概念时涉及过多，让本堂课超出了预期。在课程时间把握方面，例题讲解花时间太少，没有达到一定的练习效果。总而言之，这是一堂不太成功的课。在以后的教学过程中，参考资料的选取应该结合教材，选择适合本地的资料；在对教材的把控方面有待提高，需要不断琢磨教材、课标以及优秀教师的经验。

案例15 《2021 年数学中考复习——全等三角形》教学设计

珠海市第九中学　邓勇刚

一、教学目标

1. 知识与能力

（1）了解全等形及全等三角形的概念。

（2）理解和掌握全等三角形的性质与判定，灵活运用全等三角形的判定定理和性质定理证明简单的全等三角形问题。

2. 过程与方法

通过全等三角形的典型模型，熟悉中考全等三角形模型的通性通法。

3. 情感、态度与价值观

提高学生的积极钻研能力，积极培养学生的建模意识!

二、教学重点难点

1. 教学重点

全等三角形的判定方法：

（1）有两边和它们的夹角对应相等的两个三角形全等。（简称"____"）

（2）有两角和它们的夹边对应相等的两个三角形全等。（简称"____"）

（3）有两角和其中一角的对边对应相等的两个三角形全等。（简称"____"）

（4）有三边对应相等的两个三角形全等。（简称"____"）

全等三角形的性质与判定及全等三角形的模型。

2. 教学难点

全等三角形模型的具体运用。

三、教学过程

（一）知识复习

【设计意图】回顾全等三角形的判定，总结基本判定定理模式。

（二）课堂精练

1.（2020·甘孜藏族自治州）如图 4 – 2 – 145，等腰 $\triangle ABC$ 中，点 D，E 分别在腰 AB，AC 上，添加下列条件，不能判定 $\triangle ABE \cong \triangle ACD$ 的是（　　　）

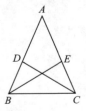

图 4 – 2 – 145

A. $AD = AE$　　　　　　　　　　B. $BE = CD$

C. $\angle ADC = \angle AEB$　　　　　　D. $\angle DCB = \angle EBC$

2. (2020·珠海) 如图 4-2-146, 在 △ABC 中, 点 D, E 分别是 AB, AC 边上的点, BD = CE, ∠ABE = ∠ACD, BE 与 CD 相交于点 F.

求证: △ABC 是等腰三角形.

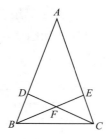

【设计意图】通过课堂练习的训练, 熟悉全等三角形的性质与判定方法。

图 4-2-146

(三) 例题讲解

例 1 如图 4-2-147, △EBF 是等腰直角三角形, 点 B 为直角顶点, 四边形 ABCD 是正方形.

(1) 求证: △ABE ≌ △CBF;

(2) CF 与 AE 有什么特殊的位置关系? 直接写出来.

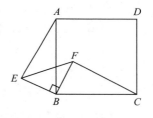

图 4-2-147

(总结) 特征: 此模型可看成将三角形绕着公共顶点旋转一定角度所构成的。

旋转型 (手拉手模型) 如图 4-2-148 所示。

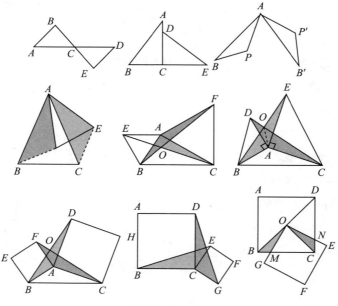

图 4-2-148

（1）两个等边三角形。

已知：如图 4 - 2 - 149，△ABE 和 △ACF 均为等边三角形。

结论：_____

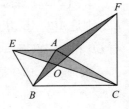

图 4 - 2 - 149

（2）两个正方形。

已知：如图 4 - 2 - 150，四边形 ABEF 和四边形 ACHD 均为正方形。

结论：_____

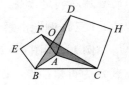

图 4 - 2 - 150

【设计意图】通过练习和例题讲解，总结本课的第一个全等三角形的模型——手拉手模型，进一步巩固全等三角形的知识与方法，培养学生的模型意识。

例2 如图 4 - 2 - 151，正方形 ABCD 的顶点 A 在直线 l 上，分别过点 B，D 作直线 l 的垂线，点 E，F 为垂足，联结 BF.

（1）求证：$AE = DF$；

（2）若 $AE = 6$，$BF = 2\sqrt{29}$，则 △ABF 的面积为____.

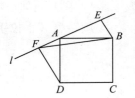

图 4 - 2 - 151

模型：三垂直型。

特征：有三个直角。

（1）如图 4 - 2 - 152，一线三垂直型。

考虑：△ABE ≅ △ECD.

结论：$BC = $ _____.

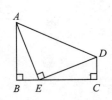

图 4 - 2 - 152

（2）如图 4 – 2 – 153，三个直角（不在同一条直线）．

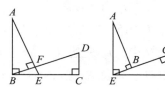

考虑：$\triangle ABE \cong \triangle BCD$。结论：$EC =$ _____ ．

考虑：$\triangle ABE \cong \triangle ECD$。结论：$BC =$ _____ ．

图 4 – 2 – 153

【设计意图】进一步探究第二种全等三角形模型——三垂直模型，强调学生应该掌握的全等三角形模型及其运用方法。

（四）形成性练习

（2018・深圳）如图 4 – 2 – 154，四边形 $ACDF$ 是正方形，$\angle CEA$ 和 $\angle ABF$ 都是直角且点 E，A，B 三点共线，$AB = 4$，则阴影部分的面积是 _____ ．

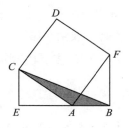

图 4 – 2 – 154

【设计意图】通过练习，加强全等三角形性质与判定的运用。

（五）巩固性练习

（空间观念，模型思想，应用意识）如图 4 – 2 – 155，在直线 l 上依次摆放着 7 个正方形，已知斜放置的 3 个正方形的面积分别为 1，1.21，1.44，正放置的 4 个正方形的面积分别为 S_1，S_2，S_3，S_4，则 $S_1 + S_2 + S_3 + S_4 =$ _____ ．

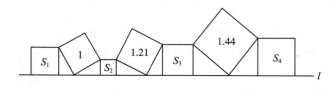

图 4 – 2 – 155

【设计意图】定理的运用，培养学生的模型意识。

（六）拓展性练习

（2015·广东）如图 4 – 2 – 156，在边长为 6 的正方形 $ABCD$ 中，E 是边 CD 的中点，将 $\triangle ADE$ 沿 AE 对折至 $\triangle AFE$，延长 EF 交 BC 于点 G，连接 AG.

（1）求证：$\triangle ABG \cong \triangle AFG$；

（2）求 BG 的长.

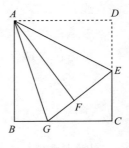

图 4 – 2 – 156

【设计意图】 熟悉全等三角形在中考中的应用，使得全等三角形模型知识进一步巩固与提高，熟练运用模型。

（七）课堂小结

本节课的主要内容是什么？重点难点在什么地方？

【设计意图】 复习旧知，熟悉模型。

（八）检测反馈

1. 如图 4 – 2 – 157，在 $\triangle ABC$ 和 $\triangle DEF$ 中，$\angle B = \angle DEF$，$AB = DE$，添加下列一个条件后，仍然不能证明 $\triangle ABC \cong \triangle DEF$，这个条件是（　　　）

A. $\angle A = \angle D$ B. $BC = EF$

C. $\angle ACB = \angle F$ D. $AC = DF$

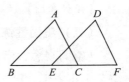

图 4 – 2 – 157

2. （2013·广东）如图 4 – 2 – 158，已知 $\square ABCD$.

（1）作图：延长 BC，并在 BC 的延长线上截取线段 CE，使得 $CE = BC$（用尺规作图法，保留作图痕迹，不要求写作法）；

（2）在（1）的条件下，连接 AE，交 CD 于点 F，求证：$\triangle AFD \cong \triangle EFC$.

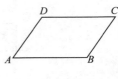

图 4 – 2 – 158

3.（2018·广东）如图 4 - 2 - 159，矩形 *ABCD* 中，*AB* > *AD*，把矩形沿对角线 *AC* 所在直线折叠，使点 *B* 落在点 *E* 处，*AE* 交 *CD* 于点 *F*，连接 *DE*.

（1）求证：△*ADE* ≌ △*CED*；

（2）求证：△*DEF* 是等腰三角形.

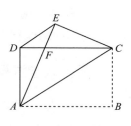

图 4 - 2 - 159

【设计意图】巩固基础，拓展思维，检测掌握程度。

四、教学反思

本次课比较成功的地方在于让学生充分利用全等三角形的性质与判定，熟悉两大模型，让学生理解了模型的重要性。不足之处在于学生的层次问题，有部分题目的处理不是特别到位，尤其是手拉手模型的运用。

案例 16　《2021 年数学中考复习——圆的切线》教学设计

珠海市第九中学　邓勇刚

一、教学目标

1. 知识与技能

（1）复习圆的切线的性质与判定方法，以及切线长定理。

（2）熟悉常见的基本模型，梳理知识体系。

2. 过程与方法

让学生巩固圆的切线性质与判定方法，形成与圆的切线有关的知识体系。

3. 情感、态度与价值观

发展学生的合作探究能力、直观想象和逻辑推理的核心素养。

二、教学重点难点

1. 教学重点

圆的切线的性质与判定，基本模型的选择。

2. 教学难点

与圆的切线有关的知识体系的建立。

三、教学过程

（一）复习探究

如图 4 – 2 – 160，已知 PA 是圆 O 的一条切线，切点为 A，请你在图中添加一些线，并根据你所得到的图形写出已知和结论。

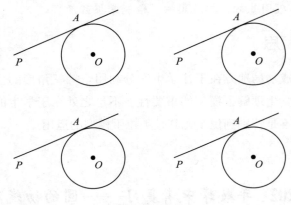

图 4 – 2 – 160

【设计意图】通过几组直线与圆相切的图形，让学生自我复习探究直线与圆相切的性质及判定定理的知识，既能回顾旧知，又能使学生形成良好的自我复习的学习能力。

巩固练习 1：

1.（2020·雅安）如图 4 – 2 – 161，$\triangle ABC$ 内接于圆，$\angle ACB = 90°$，过点 C 的切线交 AB 的延长线于点 P，$\angle P = 28°$，则 $\angle CAB =$ _____.

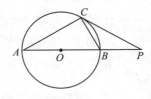

图 4 – 2 – 161

2. （2020·长春模拟）如图 4 - 2 - 162，PA，PB 分别与 $\odot O$ 相切于 A，B 两点，若 $\angle C = 59°$，则 $\angle P$ 的度数为_____．

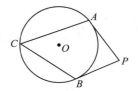

图 4 - 2 - 162

3. （2018·深圳）如图 4 - 2 - 163，一把直尺、$60°$ 的直角三角板和光盘如图摆放，A 为 $60°$ 角与直尺交点，$AB = 3$，则光盘的直径长是_____．

A. 3

B. $3\sqrt{3}$

C. 6

D. $6\sqrt{3}$

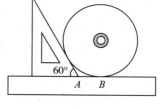

图 4 - 2 - 163

【设计意图】目的是通过知识点的复习，进一步巩固圆的切线的性质与判定的运用能力。

（二）例题讲解

[2019·广东（节选）] 如图 4 - 2 - 164，在 $\triangle ABC$ 中，$AB = AC$，$\odot O$ 是 $\triangle ABC$ 的外接圆，过点 C 作 $\angle BCD = \angle ACB$ 交 $\odot O$ 于点 D，连接 AD 交 BC 于点 E，延长 DC 至点 F，使 $CF = AC$，连接 AF．

（1）求证：$ED = EC$；

（2）求证：AF 是 $\odot O$ 的切线．

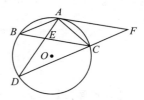

图 4 - 2 - 164

小结：

1. 切线的判定方法：

① 有切点；

② _____。

2. 平行法证切线。

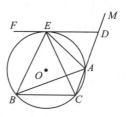

巩固练习 2：

（2020·威海）如图 4 - 2 - 165，$\triangle ABC$ 的外角 $\angle BAM$ 的平分线与它的外接圆相交于点 E，连接 BE，

图 4 - 2 - 165

CE，过点 E 作 $EF//BC$，交 CM 于点 D.

（1）求证：$BE = CE$；

（2）求证：EF 为 $\odot O$ 的切线.

小结：＿＿＿＿＿＿＿＿＿＿＿＿＿＿＿＿。圆的内接四边形的一个外角等于它的＿＿＿＿＿＿＿。

【设计意图】通过老师的讲解与引导，贴近中考实际，让学生切实感受、熟悉中考相关题型与模型，进一步熟练运用圆的切线的性质与判定。通过学生的当堂板演，让学生暴露一系列问题，同学之间小组合作共同解决疑难问题，借此提高学生的合作意识。

（三）拓展练习（几何直观，推理能力，模型思想，应用意识）

（2020·连云港一模）如图 4 - 2 - 166，在平面直角坐标系中，已知 C（2，4），以点 C 为圆心的圆与 y 轴相切. 点 A，B 在 x 轴上，且 $OA = OB$. 点 P 为 $\odot C$ 上的动点，$\angle APB = 90°$，则线段 AB 长度的最大值为＿＿＿＿＿＿＿＿＿.

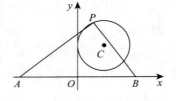

图 4 - 2 - 166

【设计意图】巩固提高，实现数学模型常态化。

（四）归纳总结

本节课，我们复习了：①＿＿＿＿＿＿；②＿＿＿＿＿＿；③＿＿＿＿＿＿。

【设计意图】回顾旧知，巩固方法，熟悉模型，形成知识体系。

（五）拓展性练习

1. （2020·汕头一模）如图 4 - 2 - 167，PA，PB 切 $\odot O$ 于点 A，B，点 C 是 $\odot O$ 上一点，且 $\angle P = 36°$，则 $\angle ACB =$（　　　）

A. $54°$ 　　　　 B. $72°$ 　　　　 C. $108°$ 　　　　 D. $144°$

2. （2011·广东）如图 4 - 2 - 168，AB 与 $\odot O$ 相切于点 B，AO 的延长线交 $\odot O$ 于点 C，联结 BC，若 $\angle A = 40°$，则 $\angle C =$＿＿＿＿＿＿.

3. （2020·增城一模）如图 4 - 2 - 169，PA，PB 是 $\odot O$ 的切线，若 $\angle APO = 25°$，则 $\angle BPA =$＿＿＿＿＿＿.

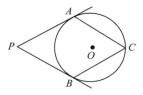

图 4 - 2 - 167

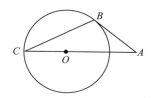

图 4 - 2 - 168

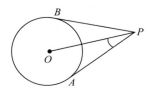

图 4 - 2 - 169

【设计意图】巩固基础，增强切线的性质与判定的综合运用能力。

（六）作业

基础：高分突破 P172 第 1—10 题

提高：高分突破 P172 第 11—15 题

（七）检测反馈

1. 如图 4 - 2 - 170，点 P 在 $\odot O$ 外，PA，PB 分别与 $\odot O$ 相切于 A，B 两点，$\angle APB = 50°$，$AP = 12$ cm，$OP = 13$ cm，则：

（1）$\angle AOB = $ _____；

（2）$\angle APO = $ _____；

（3）$BP = $ _____ cm；

（4）$OA = $ _____ cm.

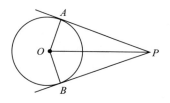

图 4 - 2 - 170

2. 如图 4 - 2 - 171，$\odot O$ 是 $\triangle ABC$ 的外接圆，AC 为直径，弦 $BD = BA$，$BE \perp DC$ 交 DC 的延长线于点 E.

（1）求证：$\angle 1 = \angle BAD$；

（2）求证：BE 是 $\odot O$ 的切线.

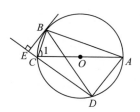

图 4 - 2 - 171

3. 如图 4 - 2 - 172，AB 是 $\odot O$ 的直径，C 是 AB 延长线上一点，点 D 在 $\odot O$ 上，且 $\angle A = 30°$，$\angle ABD = 2\angle BDC$.

（1）求证：CD 是 $\odot O$ 的切线；

（2）过点 O 作 $OF // AD$，分别交 BD，CD 于点 E，F，若 $OB = 2$，求 OE 和 CF 的长.

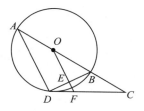

图 4 - 2 - 172

【设计意图】巩固基础，检测切线的性质与判定的综合运用的掌握情况。

四、教学反思

本节课是中考知识体系中的重点内容，本节课的主要情况是：

1. 学习容量大，知识点较难，知识体系相对较复杂，学生的知识综合运用能力不是特别强。一节课下来，学生全面掌握较难，会出现基础生"吃不上"，中层生"吃不多"，优等生"吃不饱"的现象。

2. 讲解完一道题的时间会较长，涉及的圆的知识内容较多，因此本次课不是特别成功。

3. 小组合作的引导还有待完善。

第三节　统计与概率

案例 1 《20.1.1　平均数》教学设计

珠海市第十三中学　林泽珊

一、教学目标

1. 知识与技能

（1）理解数据的权和加权平均数的概念。

（2）掌握加权平均数的计算方法和权的三种表现形式，会用加权平均数解决一些实际问题。

2. 过程与方法

通过探究与平均数有关的实际问题，理解平均数在数据统计中的意义和作用；会用加权平均数分析一组数据的集中趋势，发展数据分析能力，逐步形成数据分析的观念。

3. 情感、态度与价值观

通过利用加权平均数解决实际问题，充分感受数学在生活中的应用，激发数学学习的兴趣。

二、教学重点难点

1. 教学重点

会求加权平均数。

2. 教学难点

对"权"的理解及准确计算加权平均数。

三、教学过程

（一）课堂引入

这是一场大型招聘会的现场情况。每逢招聘季，现场都人头涌动。今天，就让我们一起走进这场招聘会，来探究里面相关的数学问题。

问题：某公司老总想了解本次应聘人员的年龄，于是随机询问了5个应聘者，调查到他们的年龄分别为24岁，26岁，23岁，25岁，27岁。请问这5名应聘者的平均年龄是多少岁？

解：$\bar{x} = \dfrac{24 + 26 + 23 + 25 + 27}{5} = 25$（岁）

答：这5名应聘者的平均年龄是25岁。

复习平均数的概念：

一般地，对于 n 个数 x_1，x_2，$\cdots$，x_n，我们把

$$\bar{x} = \dfrac{x_1 + x_2 + \cdots + x_n}{n}$$

叫作这 n 个数的平均数，或称算术平均数。记为 $\bar{x}$，读作 x 拔。

活动：比比谁更快！

求下列各组数据的平均数：

（1）5，3，7，8，2；

（2）3，3，5，5，5，6，6，6，6。

答案：（1）5；（2）5。

【设计意图】通过实际问题引入对小学学过的算术平均数的复习，再由旧知出发引出对新知的探索，建立知识之间的联系，体现了深度学习的要求。

（二）原理探究

问题：对于"活动"中的（2），有没有不同的求法？（表4-3-1）

表4-3-1

数据	3	5	6
出现的次数	2	3	4

解：$\bar{x} = \dfrac{3 \times 2 + 5 \times 3 + 6 \times 4}{2 + 3 + 4} = 5$

加权平均数的概念：

如果 n 个数 x_1，x_2，$\cdots$，x_n 的出现的次数分别是 w_1，w_2，$\cdots$，w_n，则这些数的平均数为

$$\bar{x} = \frac{x_1 w_1 + x_2 w_2 + \cdots + x_n w_n}{w_1 + w_2 + \cdots + w_n}$$

我们把每个数的频数叫作权，那么这个平均数叫作这 n 个数的加权平均数。

举例：$\bar{x} = \frac{1 \times 5 + 2 \times 5}{5 + 5} = 1.5$；$\bar{x} = \frac{1 \times 5 + 2 \times 10}{5 + 10} = \frac{5}{3}$

当对 1 和 2 赋予不同的权数时，所得数据的平均数不同。

权的意义：权代表了数据的重要程度。

借助 Excel 演示理解：通过改变 3，5，6 三个数的权重，观察加权平均数的变化（表 4 - 3 - 2）。

表 4 - 3 - 2

数据	3	5	6	加权平均数
权（频次）	2	3	4	5

【设计意图】从对旧知的思考引出对新知的概念，有利于学生构建完整的知识结构。借助 Excel 数据演示可以让学生更加形象地加深对加权平均数中"权"的理解，通过信息技术手段促进深度学习。

（三）例题分析

例题 一家公司打算招聘一名英文翻译。对甲、乙两名应试者进行了听、说、读、写的英语水平测试，他们的各项成绩（百分制）如表 4 - 3 - 3 所示。

表 4 - 3 - 3

应试者	听	说	读	写
甲	85	78	85	73
乙	73	80	82	83

（1）如果这家公司想招名平均能力较强的翻译，计算两名应试者的平均成绩，从他们的成绩看，应该录取谁？

解：甲的平均成绩为 $\dfrac{85+78+85+73}{4}=80.25$，

乙的平均成绩为 $\dfrac{73+80+82+83}{4}=79.5$。

$\because 80.25>79.5$，$\therefore$ 应该录取甲。

（2）如果要招聘一名写作能力较强的翻译，听、说、读、写成绩按 $2:1:3:4$ 的比确定，计算两名应试者的平均成绩，从他们的成绩看，应该录取谁？

追问：

（1）用算术平均数解决这个问题合理吗？为什么？

（2）"听、说、读、写成绩按照 $2:1:3:4$ 的比确定"，说明在计算平均数中比较侧重哪些成绩？

（3）如何在计算平均数时体现听、说、读、写的差别？能否类比频数，用比例来表示数据的重要程度？（表 $4-3-3$）

板书：

解：$\overline{x_甲}=\dfrac{85\times2+78\times1+85\times3+73\times4}{2+1+3+4}=79.5$

$\overline{x_乙}=\dfrac{73\times2+80\times1+82\times3+83\times4}{2+1+3+4}=80.4$

$\because 79.5<80.4$，$\therefore$ 应该录取乙。

【设计意图】 通过用算术平均数能解决的问题过渡到用加权平均数才能解决的问题，体现学习加权平均数的必要性，激发学生的学习兴趣，提高学习的主动性。通过课堂追问来引发学生对权的作用的理解，以及权的形式的迁移。

（四）形成性练习

在例题的基础上：如果要招聘一名听说能力较强的翻译，听、说、读、写成绩按 $3:3:2:2$ 的比确定，计算两名应试者的平均成绩，从他们的成绩看，应该录取谁？

学生练习：$\overline{x_甲}=\dfrac{85\times3+78\times3+85\times2+73\times2}{3+3+2+2}=80.5$

$\overline{x_乙}=\dfrac{73\times3+80\times3+82\times2+83\times2}{3+3+2+2}=78.9$

$\because 80.5>78.9$，$\therefore$ 应该录取甲。

【设计意图】 同样的问题情境中，改变题设，让学生用同样的方法计算加权平均数，解决问题，体会加权平均数的应用过程。

（五）巩固性练习

一次演讲比赛中，评委按演讲内容占 50%、演讲能力占 40%、演讲效果占 10% 的比例，计算选手的综合成绩（百分制）。试比较谁的成绩更好。（表 4 – 3 – 4）

表 4 – 3 – 4

选手	演讲内容	演讲能力	演讲效果
A	85	95	95
B	95	85	95

答案：A 为 90 分，B 为 91 分。B 的成绩更好。

追问：

（1）为什么都是 1 个 85 分和 2 个 95 分，得出的平均数却不一样？

（2）能否不通过计算直接判断谁的成绩更好？

【设计意图】 改变问题情境，将权的形式从频数和比例变成百分比，计算方法不变，让学生实现知识的迁移。同时，通过追问为什么一样的分值得出不同的平均数，促进学生进一步思考权对数据的影响。

（六）综合性练习

（小组合作）某广告公司欲招聘职员一名，A，B，C 三名候选人的测试成绩（百分制）如表 4 – 3 – 5 所示。

表 4 – 3 – 5

应试者	测试能力		
	创新能力	计算机能力	公关能力
A	72	50	88
B	85	74	45
C	67	72	67

请你设计合理的权重，为公司招聘一名职员：

①网络维护员；② 客户经理；③ 创作总监。

【设计意图】通过一道开放性的题目让学生展开讨论，各抒己见，实现加权平均数在不同情境下的迁移运用。

（七）课堂小结

1. 平均数的求法

$$\bar{x} = \frac{1}{n}\left(x_1 + x_2 + \cdots + x_n\right)$$

2. 加权平均数的求法

$$\bar{x} = \frac{x_1 w_1 + x_2 w_2 + \cdots + x_n w_n}{w_1 + w_2 + \cdots + w_n}$$

（1）权的含义：数据的"重要程度"。

（2）权的三种表现形式：①次数、频数；②比例；③百分比。

（八）检测反馈

1. 课本 P113 第 1、2 小题和 P115 第 1、2 小题。

2. 利用今天所学的知识，为数学老师设计一个合理的期末总评方案。

四、教学反思

本案例主要有"课堂引入""例题分析""练习设计""课堂小结"等环节。课堂的开始从小学学习过的算术平均数引入，设计简单的计算小游戏，提高学生的学习积极性的同时，还可以建立起新旧知识的联系，克服知识零碎、孤立的浅层学习弊端，体现了深度学习的特点。"原理探究"环节采用了思考延伸的方式，并通过信息技术手段演示加深学生对加权平均数的理解。同时，在例题分析中，设置问题对学生进行追问，引发学生的深度思考，由易到难，遵循学生的认知规律，体现了深度学习的思维特征。练习设计分为形成性练习、巩固性练习、综合性练习。形成性练习考查加权平均数"是什么"，培养了学生的观察、思辨能力；巩固性练习通过改变权的形式，让学生进一步认识加权平均数，培养了学生对知识的迁移能力；综合性练习考查加权平均数"怎么用"，培养学生的应用能力，增强对数学的情感。

案例2 《20.2 方差》教学设计

珠海市第七中学 鹿建国

一、教学目标

1. 知识与技能

（1）了解方差的定义和计算公式。

（2）会用方差来比较两组数据的波动大小。

2. 过程与方法

让学生经历探索方差的应用过程，体会数据波动中的方差的求法，积累统计经验。

3. 情感、态度与价值观

培养学生的统计意识，形成用数据说话的态度，更好地解决实际问题。

二、教学重点难点

方差意义的理解及应用方差公式解决实际问题。

三、教学过程

（一）课堂引入

教师提出教科书第124页的问题：

问题：农科院计划为某地选择合适的甜玉米种子。选择种子时，甜玉米的产量和产量的稳定性是农科院所关心的问题。为了解甲、乙两种甜玉米种子的相关情况，农科院各用10块自然条件相同的试验田进行试验，得到各试验田每公顷的产量（单位：t）如表4－3－6所示。

表4－3－6

甲	7.65	7.50	7.62	7.59	7.65	7.64	7.50	7.40	7.41	7.41
乙	7.55	7.56	7.53	7.44	7.49	7.52	7.58	7.46	7.53	7.49

根据这些数据，农科院应该选择哪种甜玉米种子呢？

【设计意图】选取实例为背景，贴近生活。

（二）原理探究

（1）农科院根据什么因素来选择甜玉米的种子？

（答案：根据甜玉米的产量和产量的稳定性。）

（2）甜玉米的产量可以用什么量来描述？

（答案：用两种玉米每公顷的产量平均值来比较。）

【设计意图】既复习平均数知识，又产生认知冲突，为后面引入方差做铺垫。

（3）如何比较这两种甜玉米的产量的稳定性呢？（图4-3-1）

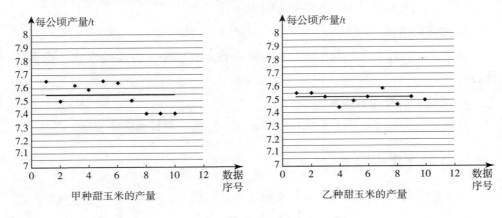

图 4-3-1

【设计意图】图形能直观地表现数据分布的离散程度，而一个量化的数据会更加精确。

（4）设有 n 个数据 x_1，x_2，$\cdots$，x_n，各数据与它们的平均数 $\bar{x}$ 的差的平方分别是 $(x_1-\bar{x})^2$，$(x_2-\bar{x})^2$，$\cdots$，$(x_n-\bar{x})^2$，我们用这些值的平均数，即用 $s^2=\dfrac{1}{n}\left[(x_1-\bar{x})^2+(x_2-\bar{x})^2+\cdots+(x_n-\bar{x})^2\right]$ 来衡量这组数据波动的大小，并把它叫作这组数据的方差，记作 s^2。

$$s^2_{甲}=\frac{(7.65-7.54)^2+(7.50-7.54)^2+\cdots+(7.41-7.54)^2}{10}\approx0.01$$

$$s^2_{乙}=\frac{(7.55-7.52)^2+(7.56-7.52)^2+\cdots+(7.49-7.52)^2}{10}\approx0.002$$

帮助学生理解"方差越大，数据的波动越大；方差越小，数据的波动越小"。

【设计意图】体会方差的意义，规范解题格式。

（三）例题分析

（教科书第125页，例1）在一次芭蕾舞比赛中，甲、乙两个芭蕾舞团都表演了舞剧《天鹅湖》，参加表演的女演员的身高（单位：cm）如表4-3-7所示：

表4-3-7

| 甲 | 163 | 164 | 164 | 165 | 165 | 166 | 166 | 167 |
| 乙 | 163 | 165 | 165 | 166 | 166 | 167 | 168 | 168 |

哪个芭蕾舞团女演员的身高更整齐？

【设计意图】主要复习巩固方差计算步骤。

（四）形成性练习

（1）数据为101，98，102，100，99。平均数是（　　），方差是（　　）

（2）数据为1，2，3，4，5。平均数是（　　），方差是（　　）

【设计意图】直接巩固方差计算公式，加深对公式的记忆。

（五）巩固性练习

某快餐公司的香辣鸡腿很受消费者欢迎。为了保持公司信誉，进货时，公司严把鸡腿的质量关。现有甲、乙两家农副产品加工厂到快餐公司推销鸡腿，两家鸡腿的价格相同、品质相近，快餐公司决定通过检查鸡腿的重量来确定选购哪家的鸡腿。检查人员从两家的鸡腿中各抽取15个鸡腿，记录它们的质量（单位：克）如表4-3-8所示。

表4-3-8

| 甲 | 74 | 74 | 75 | 74 | 76 | 73 | 76 | 73 | 76 | 75 | 78 | 77 | 74 | 72 | 73 |
| 乙 | 75 | 73 | 79 | 72 | 76 | 71 | 73 | 72 | 78 | 74 | 77 | 78 | 80 | 71 | 75 |

根据上面的数据，你认为该快餐公司应该选购哪家加工厂的鸡腿？

【设计意图】加深利用方差反映实际问题作用的理解。

（六）综合性练习

观察下列各组数据并填空：

A. 1　　2　　3　　4　　5　　　$\overline{x}_A = $ _____，$s_A^2 = $ _____

B. 11　　12　　13　　14　　15　　　$\overline{x}_B = $ _____，$s_B^2 = $ _____

C. 10　　20　　30　　40　　50　　　$\overline{x}_C =$ _____，$s_C^2 =$ _____

D. 3　　5　　7　　9　　11　　　$\overline{x}_D =$ _____，$s_D^2 =$ _____

分别比较、观察 A 与 B、A 与 C、A 与 D 的计算结果，你能发现什么规律吗？

【设计意图】帮助学生内化方差意义的理解，提高学生分析、解决问题的能力。

（七）课堂小结

（1）方差的作用是什么？

（2）怎样计算一组数据的方差？

（3）在一组数据中，方差与数据的波动程度有什么关系？

【设计意图】回顾方差计算公式、步骤及方差的意义。

（八）作业

课本 P126　练习 1、2 题

四、教学反思

本节课由实际问题出发，充分展示了方差产生的必要性，由数据的图形分布探索、推导出方差的计算公式，特别联系到面积，可以说深层次地挖掘了数学思维的深度。在方差计算公式的探索过程中，解释了为什么要减去平均数，解释了为什么要平方，解释了为什么求第二次平均，对学生理解、记忆和运用起了至关重要的作用。学生在思维上发生的认知冲突、矛盾碰撞，都是教学时生成的巨大财富，有利于培养能解决问题的、有创新能力的、有坚定意志品质的未来人才。

案例3 《列举法求概率（第1课时）》教学设计

珠海市红旗中学　魏 炜

一、教学目标

1. 知识与技能

通过实际问题分析，使学生会应用列举法（列表）计算简单事件的概率，

2. 过程与方法

使学生在具体情境中理解概率意义，能逐步形成数学建模的思想方法，培养随机观念。

3. 情感、态度与价值观

通过经历探究活动，增强数学的应用意识，培养学习数学的兴趣。

二、教学重点难点

1. 教学重点

用列表法求概率。

2. 教学难点

模型思想、迁移能力的形成。

三、教学过程

（一）预习检测，复习引入

（1）掷一枚质地均匀的硬币，正面向上的概率是_____。

（2）掷一枚质地均匀的骰子，向上点数大于 4 的概率为_____。

（3）袋子中装有 3 个白球、1 个红球，这些球除了颜色外都相同，从袋子中随机摸出一个球，它是白色的概率为_____。

思考：上面几个试验有什么共同特点？

【设计意图】通过三个不同情境问题的复习，使学生加强新旧知识的联系，克服知识零碎、孤立的浅层学习弊端。

（二）原理探究——游戏活动

老师向空中同时抛掷两枚质地均匀的硬币，如果两枚硬币全部正面向上学生赢，如果两枚硬币一枚正面向上、一枚反面向上老师赢。请问，你觉得这个游戏公平吗？为什么？

思考：

（1）你是怎样求出随机事件概率的？

（2）如果规则将"同时抛掷两枚硬币"修改为"先后两次抛掷一枚硬币"，结果会是一样吗？

（3）如果将"同时抛掷两枚硬币"修改为"同时抛掷两枚质地均匀的骰子"，又应该怎样计算事件的概率？

【设计意图】通过游戏活动，使学生进一步在具体情境中了解概率的意义，能阐明运用列举法计算简单事件发生的概率的理由。学生在理解列举法的基础上创造性地探索多种列举的方法，体现高阶思维到低阶思维的深度学习特征。

（三）例题讲解——探究活动

例题　同时掷两枚质地均匀的骰子，计算下列事件的概率：

（1）两枚骰子的点数相同；

（2）两枚骰子点数的和是 9；

（3）至少有一枚骰子的点数为 2.

思考：

（1）这道题有什么特点？如何做到列举结果不重不漏？

（2）如果规则将"同时抛掷两枚质地均匀的骰子"修改为"先后两次抛掷一枚质地均匀的骰子"，结果会是一样吗？你会用此方法迁移到其他情境吗？

小结：当一次试验要涉及两个因素（例如"掷两枚骰子"）并且可能出现的结果数目较多时，为不重不漏地列出所有可能结果，通常采用列表法。

【设计意图】通过情境的迁移，问题的复杂化，分析评价不同的列举方法，体会简单的列举在解决较为复杂的概率问题中存在的困难，激发学生创新的欲望。再一次体现思维从创造性到分析评价的由高阶到低阶的特点。

（四）形成性练习

在 6 张看上去无差别的卡片上分别写有 1，2，3，4，5，6 的整数，随机地抽取一张后放回，再随机地抽取一张，那么两次取出的数字和为偶数的概率是多少？

【**设计意图**】迁移情境，学生应用探索的列表法解决问题，进一步深刻理解列表法适用特点。

（五）巩固性练习

在 6 根形状大小、质地一样的小木棍上分别标记 1，2，3，4，5，6 的整数，随机抽取一根后不放回，再随机抽取一根，则两个数字和为偶数的概率是多少？

小结：注意放回与不放回的差别。

【**设计意图**】改变条件，学生应用探索的列表法解决问题，克服应用过程中容易出现的问题，克服机械记忆操作，培养学生思维的批判性。

（六）综合性练习

1. 小强平时比较粗心，晚上睡觉时将颜色不同的两双袜子放在抽屉里，早上起床时打开抽屉，穿了两只就去上学，问小强穿的正好是同一双袜子的概率是多少？（可用 A1，A2 表示一双袜子，用 B1，B2 表示另一双袜子．）

2. 从 1，2，3，4 中随机选取两个数，记作 a 和 b，求点 (a, b) 在直线 $y = 3x$ 上的概率．

【**设计意图**】迁移情境与知识点，巩固学生对列表法的掌握，进一步深刻理解列表法适用特点，培养学生解决问题的迁移能力。用数学符号表示具体事物，是提升学生数学抽象的这一核心素养的体现。

（七）课堂小结

（1）当一次试验要涉及两个因素（例如掷两枚骰子）并且可能出现的结果数目较多时，为不重不漏地列出所有可能结果，通常采用列表法。

（2）注意放回与不放回的差别。

（3）模型思想。

【设计意图】 由一般列举到列表列举，由对概率随机性体验到随机事件概率的求法，再到统计概率模型的建立，让学生的知识序列化、系统化。建立知识的联系是深度学习的要求，建立统计概率模型是对核心素养的落实。

（八）检测反馈

1. 随机掷一枚质地均匀的硬币两次，落地后至少有一次反面向上的概率为（   ）

A. $\dfrac{3}{4}$ B. $\dfrac{1}{4}$ C. $\dfrac{1}{2}$ D. $\dfrac{2}{3}$

2. 掷两枚质地均匀的正方体骰子，则两次点数相同的概率是（   ）

A. $\dfrac{1}{6}$ B. $\dfrac{1}{36}$ C. $\dfrac{1}{12}$ D. $\dfrac{1}{3}$

3. 刘强、李文两位同学玩游戏，每人有四张卡片，卡片上写着数字，刘强的数字是 2，3，4，6，李文的数字也是 2，3，4，6。游戏规则如下：刘强、李文两人各拿出一张卡片，若两张卡片上的数字之和为奇数则刘强获胜，否则李文获胜.

（1）求刘强获胜的概率.

（2）这个游戏公平吗？请说明理由.

【设计意图】 通过检测，巩固所学知识，检测学习效果，为下一节课教学提供帮助。

四、教学反思

实施深度学习、落实核心素养，是教学设计与课堂教学改革的方向，上述案例可以从以下几个方面去思考。

1. 布鲁姆的教学目标认知分类告诉我们，认知能力按创造—评价—分析—应用—理解—记忆的顺序，由高阶到低阶排列，基于深度学习的教学设计应遵循从高阶到低阶的认知规律。本案例的设计以独立事件概率的计算引入，深入到涉及两个因素事件概率的计算，为避免不遗不漏，学生创造性进行列举，对多种方法进行评价、分析，应用列表方法解决问题，从而达到对列表法的理解与掌握。

2. 深度学习与浅层学习相比较，在知识系统、能力培养等方面有许多不同之处，本案例从复习与小结，都没有孤立割裂旧知识，强调建立新旧知识的联系。从知识的应用与理解，突出的是知识的迁移。问题情境的不断变化，知识点由概率渗透到函数，都是迁移能力的体现。

3. 如何落实数学核心素养，教学设计是载体，课堂教学是途径，本案例充分发挥了教学设计的载体作用，用数学符号表征具体事物（袜子），是对数学抽象能力的培养，从实际问题出发，发现问题、提出问题、分析问题、求解结论，构建统计概率模型。

4. 练习的设计分为形成性练习、巩固性练习、综合性练习，不同的练习发挥着不同的功能。形成性练习是对知识的理解；巩固性练习设计易错题（放回与不放回区别），旨在培养学生批判性思维，形成良好思维品质；综合性练习主要体现能力迁移，在不同情境中解决数学问题。

深度学习是让学生积极主动地学习，达到学生对知识的深刻理解，从而使学生的能力得到发展，素养获得提升。教学设计是促进学生核心素养发展、深度学习得以实施的重要载体。因此，开展基于深度学习的初中数学教学设计研究，有助于培养学生的数学能力与核心素养。

第五章

"基于深度学习的初中数学
教学设计"实践体会

深度学习视角下如何引导学生自主学习

珠海市第七中学　　鹿建国

初中数学深度学习关注学生理解、关联、迁移、应用、质疑等学习活动过程，让学生通过积极参加富有思维含量的数学活动，真正体会数学核心内容的本质。无论深度学习以何种形式实施，想要达到深度学习提出的教学目标，都需要学生经历学习—内化—应用的基本过程，而作为中间关键环节的内化步骤，没有学生的自主学习、自我建构，是不能真正被称为学习的，更谈不上深度学习。事实上，初中数学教学中教师在引导学生自主学习过程中的地位和作用是非常重要的。

一、引导学生自主学习的动力

有句话讲："心甘情愿才能心想事成。"这句话用在初中数学的学习上也尤为贴切。有别于其他形式的学习（如任务式学习），自主学习不需要外在的干预和约束，由于学习动机是自发的，学生就愿意投入更多的精力，就会更有勇气去克服学习中的困难。没有内驱动力的自主学习是肤浅的，是流于形式的，是不具有发展性的。所以，教师要根据学习目标和学生的认知水平创设情境，制造认知冲突，引发学生学习兴趣，激发学习热情。

例如，在学习整式的化简求值时，教师与学生比赛谁算得快：$a(3+b)-(b-ab)-(2ab-b)$，其中 $a=2$，$b=0.39$，然后再由学生给任意 a、b 的值，依然是教师算得快，因为教师知道化简的结果是 $3a$，而学生还不知道，学生就会很好奇，教师为什么算得那么快。这样一来，就激发了学生的兴趣，从而引出整式化简求值的内容，效果更佳。

又如，在讲黄金分割时，让喜欢画动漫的学生先画一张人物画，再分析什么样的比例更美，按照黄金分割比重新调整画像；在学习三角形内角和的时候，让学生准备任意一个三角形纸片，把三个角撕下来，拼在一起；讲绝对值时，让学生猜个谜语：2 元钱买部手机（打一数学名词）……总之，通过以上举例引导学生愿意进入内容的学习，以便于开展以学生为主体的深度学习教学实践。

二、引导学生自主学习的方法

有句话讲："授人以鱼不如授人以渔。"这说明了方法的重要性。学生想要自主学习是前提，能不能自主学习还要看学生是否有适合自己的学习方法。初中数学的深度学习既要关注数学课程的核心内容，更要体现数学核心知识之间的联系、蕴含在核心内容中的数学思想方法。除了教师在教学过程中的讲解与渗透，学生还要自己去归纳和总结，形成自己的数学知识结构框架和解决问题的思路，需要学生长时间的探索，形成行之有效的学习方法。教师要在充分了解学生个体差异的情况下，采取针对性的学习方法指导，优化原有学习方法，才能让学生更好地进行自主学习。

例如，用类比思想达到知识迁移的目的。原问题：如图 5 - 1 - 1，在边长为 2 的正方形 $ABCD$ 中，点 G 是 BC 边中点，E，F 分别是 AD 和 CD 边上的点，则四边形 $BEFG$ 的周长最小是多少？新问题探究：如图 5 - 1 - 2，点 P 是圆 O 的一个动点，AB 是直径，且 $AB = 10$，则 $\triangle PAB$ 周长的最大值是多少？原问题是常见的"将军饮马"模型，新问题点 P 不是在直线上运动，而是在圆弧上运动，然而两类问题的本质是一样的，原问题是利用轴对称构造等长线段，新问题也需要通过构造等长线段解决问题（如图 5 - 1 - 3），体会知识的本质和在新情境的应用是深度学习所追求的目标，是培养学生创新能力的基础。

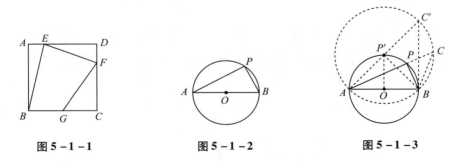

图 5 - 1 - 1   图 5 - 1 - 2   图 5 - 1 - 3

三、引导学生自主学习的品质

有句话讲："要在文化上有成绩，则非韧不可。"在平时的教学活动中，教师要注意自主与合作的关系，要注意个体与整体的区别，要突出互动的有效性和实效性，留足自主学习的空间，才能引导学生实现理解性学习、批判性思考以及创新和应用意识的形成。深度学习是学习方式向高阶的深入与伸展，自主学习是这个过程中的有效实施方式。有些专家认为非智力因素是指学习中除智力以外的一切心理因素，对学生的学习起着定向、引导、维持、调节、强化等作用。它能使学生控制并支配自己的注意、情绪与学习行为，保持和强化正确的学习态度和进取精神，克服疲劳、松懈、漫不经心、不求上进的不良心态，使得学生能战胜困难，为实现自己的目标坚持不懈地学习，优秀的学习品质有利于学生进行自主学习，同时自主学习也能培养学生优秀的学习品质，二者相辅相成。

四、引导学生自主学习的活动

有句话讲："数学教学是数学活动的教学。"深度学习除了追求知识的深刻性与知识之间的联系性外，更注重利用数学知识与思想解决问题的能力。实践活动改变了传统教学中以知识讲解与记忆为特征的陈旧方法，力争在教师的引导下，以解决某一实际的数学问题为目标，让学生在解决具体问题的过程中自主地理解、掌握和应用数学，自主地获取数学知识和直接体验。

课例：估计黑米粒的数目——抽样调查在生活中的应用。

每组准备一个饮料瓶子和适量的白米和黑米。

问题：一个饮料瓶可以装多少粒大米？（大约 500 mL）

学生提供的方案：

（1）一个一个数；

（2）先数一个瓶盖的粒数，然后再看瓶子里有多少瓶盖，做乘法；

（3）先用天平称 10 粒米的重量，再称一下一瓶米的重量，做除法，结果乘以 10；

（4）取若干粒黑米，放到一瓶白米中，充分混合后，倒出一些米，数其中黑米的个数，利用下面式子计算出一瓶米的数量。

$$\frac{瓶中黑米数量}{瓶中米粒总数} = \frac{样本黑米数量}{样本米粒总数}$$

引导学生利用方案（4）估计，进行五次计算，指导学生填写实验报告（表 5 - 1 - 1）。

表 5 - 1 - 1

次数	瓶中黑米粒数	样本黑米粒数	样本总粒数	估算瓶中米粒总数
1				
2				
3				
4				
5				

结论：把五次实验估算瓶中米粒的总数求其平均，就得出问题的答案。

这样的数学活动充分地将生活与数学相结合，学生通过自己实验、自主学习，使学生能够避免脱离现实生活的简单逻辑思维能力培养的误区，深刻体会数学知识解决实际问题的价值，符合深度学习促进学生学科核心素养的发展要求。

综上所述，在初中数学的教学中，对学生自主学习能力的培养，需要教师的引导，增加学科的趣味性，创造自主学习的学习环境与氛围，注重学生自主学习方法的传授，提升学生自主学习的能力，从中体会自主学习结果的成就感和深度学习过程的满足感。

借助思维导图促进初中数学
深度学习的研究

珠海市横琴一中　　宋君远

　　党的十八大明确提出"把立德树人作为教育的根本任务"，2017 年 12 月教育部印发新修订的课程标准中指出，各学科要结合学生发展核心素养的要求和学科特点，进一步凝练出学科核心素养，并把学科核心素养作为确定课程目标、遴选教学内容、设计教学活动的主要依据。而教育教学的改进，就是如何指导学生进行深度学习，教育部基础教育课程教材发展中心对深度学习的内涵界定如下：在教师引领下，学生围绕着具有挑战性的学习主题，全身心积极参与、体验成功、获得发展的有意义的学习过程。在这个过程中，学生掌握学科的核心知识，理解学习的过程，把握学科的本质及思想方法，形成积极的内在学习动机、高级的社会性情感、积极的态度、正确的价值观，成为既具有独立性、批判性、创造性又有合作精神、基础知识的优秀的学习者，成为未来社会历史事件的主人。思维导图是一种将发散性思考具体化的方法。发散性思考是人类大脑的自然思考方式，每一种进入大脑的资料，不论是感觉、记忆或者是想法——包括文字、数字、符码、线条、颜色等——都可以成为一个思考中心，并由此中心向外发散出成千上万的关节点，每一个关节点代表与中心主体的一个联结，而每一个联结又可以成为另一个中心主题，再向外发散出很多的关节点，这些关节的联结可以视为记忆，也就是个人数据库。我们在数学学习的过程中是以单元化、模块化进行教育教学活动的，而每一个单元和其他单元之间的联系，就可以由思维导图来很直观地呈现出来，所以思维导图对于学生建构数学知识的整体网络有很大的促进作用，同时也能够在此基础上更好地将所学习的知识进行整合，利于通过知识迁移来解决数学问题，这也是数学深度学习所倡导的。所以，思维导图不仅可以协助我们记忆、增进我们的创造力，它的颜色、图像、符码的使用也能让数学知识的建构更轻松有趣。

一、思维导图的发散性有助于知识的梳理和整合

思维导图的发散性可以帮助学生制作每日复习的思维导图。比如，可以通过当天所学习课程的标题或知识点做中心主题，然后找关键词向外做主分支，然后再对每一个分支做发散小分支，这样可以加强对未掌握知识的再次学习和记忆，帮助学生明确并巩固当天所学知识，理清思路，提高运用知识解决问题的能力，也可以为单元知识的掌握及以后的学习做铺垫。比如，在有理数加法运算法则这一节课，学生的思维导图中最开始只有加法运算法则这一个关键词，随着深入的思考，就做出了下面这幅思维导图（图5－2－1）。

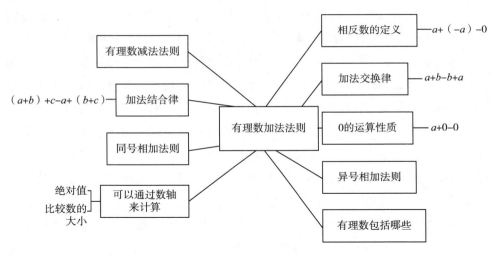

图5－2－1

这幅思维导图让学生对有理数加法法则这个知识点进行了深度的思考和研究，在过程中，学生会将和有理数加法有关系的知识点都进行回忆并将记忆进行整理和分类，让学生在学习的时候感受学习内容的联系不仅体现在相邻的课时之间知识的联系，还更多地通过学习活动调动、激活以往的相关知识和经验，包括思维活动的经验和实践活动的经验。初中数学的深度学习要求能够整体呈现初中数学内容的结构，以融会贯通的方式对学习内容进行组织、整合，尽可能体现内容本质之间的联系。思维导图就可以通过学习过程中的深度思考掌握知识之间的内在联系，而最终通过这些联系形成一个合理的、有机的知识结构。

运用这样的方法，也可以帮助理清数学概念及相关概念的区别与联系、性质、知识运用，区分知识的难点和重点，清楚一阶段所学的知识脉络，也可以相应结合错题和典型题目来复习和加深巩固，所以在学习过程中经常运用思维导图，利用它的发散性有助于知识的梳理和整合。

二、思维导图的直观性有利于知识的迁移和应用

迁移能力，是数学学习的关键能力之一。初中数学深度学习的一个关键就是，学生能够将所学内容迁移到新情境中，能够综合应用所学数学知识去解决新问题。如今，中考数学题目的内容越来越丰富，许多数学题目的题干既和社会实践密切联系，又在里面渗透了多个知识点，学生仅仅掌握某一部分的知识点显然无法完全满足应试需求。思维导图可以拓展学生的数学思维。比如，在学习一元一次方程的相关知识点的时候，可以让学生去思考曾经学习过的哪些题目可以和一元一次方程相关联，引导学生回忆小学的行程问题、追及问题、工程量问题等。这样不但将以前学习的知识进行了回忆，也和现在所学习的知识进行了综合，可以让学生感受并体会知识之间的联系，而且思维导图中丰富的图形和简洁的文字搭配，会降低学生理解数学知识的难度，并且方便学生将很多知识点串联起来。久而久之，学生的大脑中便会形成关于整个初中数学的知识体系，帮助学生建立完整的知识框架，使学生所学的知识点变得井然有序，在解决综合性问题时便能更加灵活运用所学的知识，应用知识的网络结构去思考问题，会为学生打开一扇广阔的思维之门。

深度学习中不但要让学生积极参与含有思维含量的数学活动，更要让学生体会数学核心内容的本质，加深对知识的理解和体会。灵活运用所学的方法去处理不同的问题，是实现中学数学深度学习的重要环节。这些都可以通过在学习过程中运用思维导图来不断提升学生的学习能力和归纳、总结、整理的能力来逐步实现。借助思维导图是可以促进初中数学深度学习的。

从一节课《等式的性质》浅谈
初中数学深度学习

珠海市第九中学　邓勇刚

笔者就以初中数学人教版 2012 版《等式的性质》这一节课谈一谈学生如何深度学习。

《深度学习：走向核心素养》（学科教学指南 初中数学）中指出：初中数学深度学习是指在教师引领下，学生围绕具有挑战性的数学主题，全身心积极参与，体验成功，获得发展的意义。由此我们可以明确以下几个要义来简单分析这节课的深度学习。

一、《等式的性质》的深度学习在数学核心内容上呈现

从一元一次方程整个单元的角度出发，其核心内容是解一元一次方程，利用实际问题中的数量关系列出方程，从实际问题中抽象概括出方程模型，并能熟练顺利地解出方程。本单元的最终目标是要"挑战解一元一次方程及其应用"，而"等式的性质"是解一元一次方程的关键一环——理论依据，在"解一元一次方程"单元教学中起着承上启下的作用，

从学生深度学习角度看，学生需要领会它在等式运算中的特殊意义，既要从实际问题中抽象概括出它的合理性，也要明确在其数学化后运算的合理性和准确性，更要明确其作为核心内容在整个单元的地位与作用。尤其是在解一元一次方程的过程中的重要步骤，都是有来源于等式的两个性质的运用，使其合情推理顺理成章，水到渠成，充分深入学生的理解与直观感受，使学生深度理解两个性质的实际意义与用途，这对于学生后期学习所有等式、方程的运算有非常重要的指导意义！

从教师的深度教学角度看，要突出"等式的性质"的地位。从整个单元整体进行考量，让学生明确后面的章节需要大量运用等式的性质，因为教师毕竟非常熟悉整个章节的线索、框架、内容、原理，引导起来自然会驾轻就熟，这一点对于学生的深度学习核心内容起到至关重要的作用。

一节课的核心内容不是单一的知识点，而是一类类内容形成的一个个知识团或知识链，这些知识团或知识链分别反映了学科的基本问题，体现学科的某个方面的核心本质。等式的性质就是方程单元板块知识团的核心本质，需要学生好好深度学习！

二、《等式的性质》的深度学习在探究过程中的数学基本能力培养上呈现

引入情景一，天平的两端在增加或者减少同样的量时，天平保持平衡。

引入情景二，天平的两端在增加或者减少同样倍数的量时，天平保持平衡。

我们借助天平的直观的角度认识，既给出了文字形式的表达，又用式子形式加以描述，这是一个抽象概括的过程，学生体会到它们的合理性，把等式的性质和解方程结合起来，利用等式的性质研究一元一次方程的解法，这是由一般到特殊的过程，是具体操作层面的问题。

由此，教师需要引导学生认真观察、思考、分析，自我感知其中的原理，学生的深度学习体现在由"物化"提升到"数学化"，学生经历通过观察、归纳得到"等式的性质"的探究过程，体会到"等式的性质"的自然性、合理性、准确性，进一步培养学生的观察、归纳的能力，也在后续的数学深度学习中经历一次次的观察、思考、分析、归纳，使得学生的观察、归纳能力得到极大的提升与加强，使得学生在日常学习、生活、工作中具备这样的能力！这也是现代公民要具备的基本能力之一。

三、《等式的性质》的深度学习在蕴含的数学基本思想上呈现

本节课特别强调：运用等式性质的学习目的就是把一元一次方程化为"$x = a$"的形式，这种形式就是化归思想的体现。

引例： 请分别求出下列两题中的 x 值：

（1）$2x - 3 = 6$　　　　　　（2）$\dfrac{1}{4} - \dfrac{1}{2}x = \dfrac{1}{2}$

解：（1）$2x - 3 + 3 = 6 + 3$ 由等式的性质一得：

$$2x = 9$$

$$2x \div 2 = 9 \div 2$$ 由等式的性质二得：

$$x = 4.5$$

（2）略。

本例在于熟练运用等式的两个性质，其核心内容得到充分运用，逐渐让学生明白下一步该如何走，需要哪些步骤。在初步接触这个运算过程中，有的学生可能这样或者那样产生许多不同的结果，或者在运用等式的性质方面出现一些低级错误，但是这个过程的经历也使得前面所讲的核心知识得到极大的完善与补充，学生的最终结果是得到"$x = a$"的结果形式，目的明确，过程逐渐完备，学生深度学习结果自然就呈现出来了。

本例的数学深度学习的指向就是在得到"$x = a$"的推理过程中，好比靶向明确，所有的过程都是要为化归的数学思想"服务"，所以化归的数学思想就这样潜移默化地内化为学生的基本素养。在生活实践中，任何事件都要目标明确，学生在解决问题时不断地去思考、分析，充分利用已有的方法、经验、知识、理论，想方设法达到解决问题的目的，这又是数学深度学习的一大体现！

四、《等式的性质》的深度学习在数学核心素养的发展上呈现

"初中数学的深度学习关注学生理解、关联、迁移、应用、质疑等学习活动的过程性，从学校的结果来看，强调学生能体会到知识的本质、内在的联系和在新情境中的应用，而不是对知识进行机械识记、反复练习、模式套用的学习过程结果。"

因此，本节课的学生的深度学习在于探究两个等式的性质的过程，在引入天平时，需要学生直观感知其合理性，理解这个事实，由这个事实迁移到数学的关系等式，也让学生感知数学源自生活实际、服务于生活的理念；在探究推导过程中，也需要一定的逻辑推理，虽然过程比较简单，但是这也符合数学的首要特点：简洁性！

从利用等式的性质解决一些简单的方程计算看，这里需要有一定的数学运算，这些运算也有别于小学的纯粹的混合运算，为后续的复杂运算开辟了新的方向，在后面的一元一次方程中得到全方位的运用！

通过以上的简单分析可知，我们对数学课程本质以及对数学课程目标的定

位都可以从核心概念或核心素养的角度进行很好的诠释。数学深度学习的理念也正是以这些"核心"为出发点和落脚点的，因此学生的数学核心素养也在深度学习中发生、发展、成熟！

综上所述，笔者认为，一节课的深度学习应该纳入整个单元的深度学习的体系中，统筹谋划，注意这节课在这个单元中的地位与作用，要分别从基本数学核心内容、数学核心知识、数学基本能力的培养、数学基本思想的渗透、数学核心素养的发展方面去考虑，而不应是简单的记忆和模仿性的练习，更不应该在记忆概念、定理、原理、方法上搞"题海战术"。只有体现数学内容的整体性、联系性的教学设计和指向学生思维发展的学习过程，才能将数学学习引向深入。

关注活动体验，促进深度学习

珠海市红旗中学　张伟婉

近两年广东中考数学变革，不仅是考试时长和题型题量分布变了，题目难度、灵活度也都有了很大改变，而且一年比一年变得彻底。显然常规的课堂教学、备考复习已经难以让学生在这样的考试中临危不惧、信心十足地面对考验。只有让数学课堂尽可能避免浅层学习的过程，激发学生深度学习，学生逐渐形成批判性思维、主动整合信息的习惯，学会灵活运用知识解决问题的能力，才能不惧任何考验。

深度学习的概念起源于计算机领域，慢慢渗透到其他领域，包括教育学领域。在教育学中所说的"深度学习"是指学习者在理解学习内容的基础上能够对新学内容进行批判性的学习与思考，并能将新知纳入原有的认知结构中，在众多知识间建立联系，并且能在整合原有知识的基础上对新学知识进行学习迁移，最后完成知识的学习与问题的解决。如果没有教师基于深度学习的用心的教学设计和有效的课堂引导，学生很容易不假思索地接受教材或教师灌输的概念、知识，通过机械记忆、机械模仿例题，以浅层学习的方式理解知识。然而这样学到的知识很难进行灵活的迁移运用，学习效果低下。相反，教师如果能恰当地结合深度学习理念对课堂教学过程进行很好的设计和有效的引导，学生就能自然地进入深度学习状态——学习内驱力增强，主动构建知识，积极迁移运用，并且批判性地思考习得知识。

如何运用深度学习理论组织好初中数学课堂教学，是笔者近两年在教学实践中不断思考研究的问题。一般根据课堂主要环节，实施深度学习的策略有：一、复习引入或情境引入，形成知识联结；二、活动探究或操作思考，鼓励学生体验；三、辨析本质或变式拓展，提倡迁移运用；四、学习评价或批判反思，构建知识框架。这里每一条策略都能对初中数学课堂教学走向深度学习提供帮助，而笔者尤其重视第二个策略，即活动与体验，对应着以学生为主体的探究本质的活动环节。"活动与体验"是深度学习的核心特征，课堂中学生主体活动的有效开展，能引领学生进入深度学习，提升学习成效。结合教学实践经验和深度学习教学策略，笔者谈谈对以下几个教学内容的学生活动环节的设计思路。

【案例1】

在学习"垂直于弦的直径"时，可以这样设计学生探究活动：如图 5-4-1，让学生课前准备好一个圆形纸片，课上让学生将圆形纸片对折，折痕经过圆心 O，即为直径 AB。再让学生动手画任意一条弦 CD 垂直于直径 AB，让学生沿着刚才的折痕（直径 AB）对折圆，观察画的弦以及弦所对的两条弧在直径两边的部分是否分别重合，让学生试着归纳结论。

生：弦 CD 以及弦所对的两条弧：优弧 CAD 和劣弧 CD 在直径 AB 两边的部分互相重合。

师：同学之间对比、交流，看看是否有相同的结论。

因为学生课前自主准备的圆形纸片大小不同，课上任意画出来的垂直于直径的弦位置也不同，但是大家都得出了相同的结论，所以学生不难理解结论具有一般性，从而深刻理解垂径定理——"垂直于弦的直径平分弦，并且平分弦所对的两条弧"。

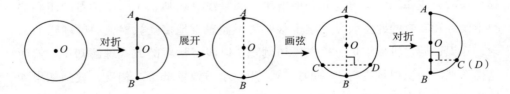

图 5-4-1

相比从字面意义直接理解定理内容，或者学生阅读并想象探究过程去理解结论，让学生真正动手操作，再经历观察思考、分析归纳的过程，学生对定理的理解程度和接受程度要高很多。并且大家用不同的纸片操作都得到了相同的结论，也进一步验证了结论的正确性。学生通过活动与体验，自主发现定理，这就是深度学习的过程。

【案例2】

在学习"等腰三角形"时，可以这样设计学生探究活动：如图 5 - 4 - 2，让学生在准备好的矩形纸片上剪下一个等腰三角形，然后将纸片对折，使得两条腰 AB、AC 互相重合，再打开纸片，观察并讨论折痕 AD 与等腰三角形边 BC 和角∠BAC 之间有什么特殊关系？折痕 AD 是等腰三角形上的什么线段？

根据对称性，学生不难发现∠BAD = ∠CAD，∠ADB = ∠ADC = 90°，BD = CD，即折痕平分等腰三角形的顶角、垂直且平分底边，从而发现等腰三角形的最重要的性质"三线合一"——等腰三角形的顶角平分线、底边上的高、底边上的中线互相重合。

讨论完三线合一的性质后，教师还可以提问学生是如何剪出等腰三角形纸片的。有的学生会先在矩形纸片上画好一个等腰三角形再剪下来；有的学生会根据经验，把矩形纸片沿一条边对折，再从折痕上某一点开始向邻边剪一刀，得到一个直角三角形，再展开就得到一个等腰三角形。教师进一步让学生思考，第二种方法是否利用了三线合一的性质。

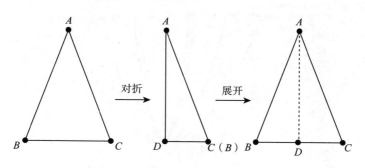

图 5 - 4 - 2

考虑到安全性或者是为了把控活动的时长，可以把"在矩形纸片上剪下一个等腰三角形"的步骤让学生课前完成。学生对动手操作探究总是比对直接学习教材内容要感兴趣得多，学生的各种感官和思维都被调动起来，学习内驱力大大提高，深度学习就变得更加容易实现。

【案例3】

学习"二次函数的图像与性质"时，可以借助计算机，向学生介绍用几何画板画函数图像的方法——从绘图菜单中点击"绘制新函数"，输入函数解析式，点击确定，图像就画出来了（图 5 – 4 – 3）。然后以小组合作的形式让学生探索形如 $y = ax^2$ 的二次函数的图像和性质。学生可以自主画出任意具有这个形式的二次函数的图像，当画出很多抛物线后，学生就不难发现规律——$a > 0$ 则开口向上，对称轴为 y 轴，顶点是原点（0，0），对称轴左边 y 随 x 增大而减小、右边 y 随 x 增大而增大等。在信息技术时代，数学课堂上教师能教学生掌握一点计算机技术并且能为数学学习服务，学生会表现出很高的兴趣，学习的内驱力大大提高，探索欲望增强，自然能进入深度学习。

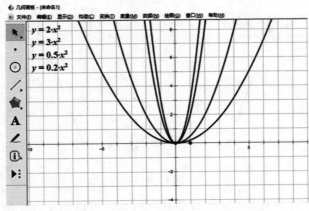

图 5 – 4 – 3

【案例 4】

学习"用频率估计概率"时，可以让学生在课堂上做一些贴近中学生生活的实验。比如，让第一组学生提前准备好一小袋黄豆（大约 500 颗），然后把其中 50 颗黄豆用马克笔做上标记放回袋中。课堂上让小组成员依次随机摸 10 颗黄豆，记录下摸到有标记的黄豆数量后放回，逐渐累计摸出黄豆总数和其中有标记的黄豆总数，计算出摸到有标记的黄豆的频率，让学生自己猜测并验证随着实验次数的增加，这个频率会有什么样的规律（表5-4-1）。其他小组按同样的方法做实验，只是改变黄豆总数或者有标记的黄豆数量，最后各个小组之间交流结论，从而得到用频率估计概率的可行性的结论。

表5-4-1

摸出数量	10	20	30	40	50	60	70	…
标记数量								
频率								

"活动与体验"是课堂教学过程非常重要的一个环节，也是深度学习是否真正发生的一个重要标志，在设计学生主体活动时要遵循"目标准、时间短、效率高"的原则，相信这么去设计并组织学习活动，学生能更容易进入深度学习，提升学习效率、知识迁移能力和解决问题的能力。

基于初中数学深度学习解题
教学策略的研究

珠海市拱北中学　　谢伟东

2014 年以来，教育部组织专家团队实施了深度学习教学改进项目，对落实学生发展核心素养的实践策略和途径开展积极探索，以全面提高学生在知识技能、过程方法、数学思考、问题解决和情感态度等方面的发展为目标，力求使学生的数学学科核心素养获得更大的长足发展。

在初中数学的教学过程中，主要的教学环节包括"创设教学情境—建立数学模型—应用拓展反思"，解题教学是其中非常重要的一个部分。通过解题教学，教师可以引导学生学习新的知识，及时发现学生在学习时产生的问题，并带领学生进行深度学习和探究解决问题的方法。学生可以在这个过程中获取知识，养成自主学习能力，以及发展开放思维能力。

一、传统教学模式存在的问题

传统的初中数学教学只传授基本的解题技巧，单向地把知识进行输出，较少关注学生是否有效输入。教师过于重视自身的主导地位，而忽略了学生的主体地位应该是协同存在的，与学生之间缺乏有效的沟通，导致学生只能机械地学习公式和解答套路，缺少正确的学习方法和独立自主思考。学生对于知识的学习也只能流于表面，没有从内涵去理解，不能真正构建系统的数学思维，严重禁锢了学生的发散思维能力、逻辑思维能力和动态联想能力。这种填鸭式教学，既不利于学生对数学知识的深入学习，也不利于学生独立学习能力的构建。

二、初中数学深度学习的内涵

深度学习是课程改革以来对课程理解和课堂实践的深化，它既是一种理念，也是一种实践指导策略。初中数学深度学习是指在教师引领下，学生围绕具有挑战性的数学学习主题，全身心积极参与、体验成功、获得发展的有意义的数学学习过程。在这个过程中，学生需要克服具象思维、直接运算，发展成抽象思维、推理演算，对以几何直观、数据分析和问题解决等为重点的思维活动加以学习。同时，还要获得数学核心知识，把握数学的本质和思想方法，发展数学学科核心素养，形成积极的情感、态度与价值观，逐渐成为既具独立性、批判性、创造性又有合作精神的学习者。

三、对初中数学深度学习解题教学策略的研究

针对传统教学模式产生的问题，教师需要采用引导学生进行深度学习的教学方式，激发学生的学习兴趣，提升学生的基础数学知识储备，构建学生的问题意识，为学生打开思维、进行深度学习做好前提准备。只有在准备好了相关的知识后，解答才有可能进行下去。

（一）重视解题教学的设计和讲授方法

在深度学习的背景下，解题教学的设计需要具备逻辑性和探究性，既要做到让所有学生都能够上手解决基础性问题，又能够引发学生进行深入思考发掘新的知识，还能够激发学生主动学习的热情。因此，构建新课改背景下的深度学习解题教学设计，要求教师应当改变教学观念，不仅要考虑到学生学习解答数学题的技巧、获得正确答案的结果，还应将如何理解题目、展开解题思路、构建逻辑思维也纳入解题教学策略中来。这就意味着，教师在进行初中数学教学时，更需要注重解题过程和方法的构建。

例如，在设计"二元一次方程组实际问题——行程问题"的例题时，教师要复习行程问题中常用的数量关系式，使学生能够强化新旧知识间的联系，为解决本节课的教学难点做好准备，同时克服知识零碎、孤立的浅层学习弊端。笔者曾设计过如下两道例题。

例 1 一架飞机从北京飞往广州，已知飞机顺风时的速度为 800 km/h，逆风时的速度为 760 km/h。求飞机在无风时的速度和风的速度。

解：设飞机在无风时的速度为 x km/h，风的速度为 y km/h，则

$$\begin{cases} x+y=800 \\ x-y=760 \end{cases}，解得\begin{cases} x=780 \\ y=20 \end{cases}$$

答：飞机在无风时的速度为 780 km/h，风的速度为 20 km/h。

例 2 甲、乙二人为了研究行程问题，他们分别在相距 12 km 的两个城市，如果同时同向而行，甲 2 h 可追上乙；如果同时相向而行，他们 1 h 相遇。你能求出二人的平均速度各是多少吗？

分析：本题属于行程问题，需要学生画出线段图（如图 5 – 5 – 1）才能够更好理解，解题的关键是把握两人所走的路程与时间之间的关系。

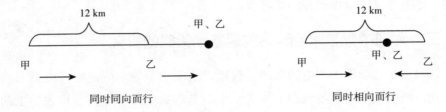

图 5 – 5 – 1

解：设甲的平均速度为 x km/h，乙的平均速度为 y km/h，则

$$\begin{cases} 2x-2y=12 \\ x+y=12 \end{cases}，解得\begin{cases} x=9 \\ y=3 \end{cases}$$

答：甲的平均速度为 9 km/h，乙的平均速度为 3 km/h。

这两道例题中包含了行程问题中必须掌握的基本关系式：路程 = 速度×时间。解决这类问题的关键在于画出线段图或者简单示意图，分析清楚路程、速度、时间三者之间的关系。行程问题中的主要类型有：相遇问题（相向而行）和追及问题（同向而行）。特别的，船（飞机）航行问题，要明确相对运动的合速度关系：

顺水（风）速度 = 静水（无风）速度 + 水（风）流速度；

逆水（风）速度 = 静水（无风）速度 – 水（风）流速度。

例 1 属于行程问题中的基本典例，简单分析后就可以列出方程组，目的在于让学生快速解出本题，增强解决此类问题的信心。例 2 属于行程问题中的常见类型，需要学生画出线段图或者简单示意图，让学生体验从基础题型到变式题型，享受解决难题的快乐，从而喜欢学习数学，这也是深度学习的特征之一。

解题教学的实践告诉我们：解题教学真正重视了过程与方法，那么学生在解决具体数学问题时则完全可以获得事半功倍的效果。

（二）合理利用小组合作，构建情景教学氛围

小组合作是深度学习教学氛围必须存在的要素。通过合作，学生可以充分探讨，打开思维，发挥群体优势，更快、更深入地获得解题线索和解题方法；教师可以更加了解学生对数学知识的掌握程度，还能对学生的解题能力和学习能力获得初步认识，从而寻找到帮助学生学习进步的方法。

要促进学生之间的合作，教师可以发挥引导作用，在解题教学时抛砖引玉，提出多种思考方向，鼓励学生寻求多角度的解答方法。例如，在学习解直角三角形知识时，教师可以提前布置任务给学生，让学生通过测量地面上旗杆（或教学楼、大树）影子的长度和视角，来估算出旗杆（或教学楼、大树）的真实高度。在学习位似图形的时候，让学生模拟打灯的场景，将图形投影到墙壁上，观察原图和位似图形之间的异同点。这种由浅入深、联系生活实际、发动学生主观能动性的数学教学方法，不仅可以一定程度地提升解题趣味，还可以让学生充分认识到"数学来源于生活而又应用于生活"，更能促使学生对教学内容进行深度学习。

笔者曾在上初三复习课时出示过一道简单的习题让学生研究证明方法，学生经过独立思考和小组合作讨论，最终发现同一图形可以有涉及不同知识点的多种解法。

例题 已知点 D 为 $\triangle ABC$ 内任意一点．求证：$\angle D = \angle A + \angle 1 + \angle 2$.

以下为学生提供的几种主要思路：

思路一：利用三角形内角和等于 $180°$.

如图 $5-5-2$，$\because \angle A + \angle 1 + \angle 2 + \angle 3 + \angle 4 = 180°$

$$\angle D + \angle 3 + \angle 4 = 180°$$

$$\therefore \angle D = \angle A + \angle 1 + \angle 2$$

思路二：利用外角定理——三角形的外角等于与它不相邻的两个内角和．

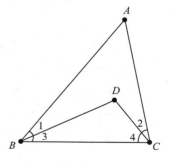

图 $5-5-2$

方法一：如图 $5-5-3$，延长 BD 交 AC 于点 E，

$\because \angle 4 = \angle A + \angle 1$，$\angle 3 = \angle 4 + \angle 2$

$\therefore \angle 3 = \angle A + \angle 1 + \angle 2$

即 $\angle D = \angle A + \angle 1 + \angle 2$

方法二：如图 5 − 5 − 4，连接 AD 并延长至交 BC 于点 E，

∵ $\angle 5 = \angle 3 + \angle 1$，$\angle 6 = \angle 4 + \angle 2$

∴ $\angle 5 + \angle 6 = \angle 3 + \angle 1 + \angle 4 + \angle 2 = \angle BAC + \angle 1 + \angle 2$

∵ $\angle BDC = \angle 5 + \angle 6$

∴ $\angle BDC = \angle BAC + \angle 1 + \angle 2$

即 $\angle D = \angle A + \angle 1 + \angle 2$

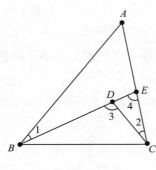

图 5 − 5 − 3

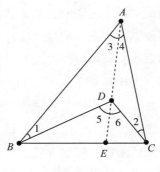

图 5 − 5 − 4

思路三：利用平行线的性质。

如图 5 − 5 − 5，过点 D 作 $EF//AC$，$HG//AB$，

∴ $\angle 1 = \angle 3$，$\angle 2 = \angle 4$，$\angle A = \angle 6 = \angle 5$

∴ $\angle 3 + \angle 4 + \angle 5 = \angle 1 + \angle 2 + \angle A$

∵ $\angle BDC = \angle 3 + \angle 4 + \angle 5$

∴ $\angle BDC = \angle 1 + \angle 2 + \angle A$

即 $\angle D = \angle A + \angle 1 + \angle 2$

思路四：利用平行线的性质与外角定理相结合

如图 5 − 5 − 6，过 D 作 $EF//AB$ 分别交于 E，F，

∵ $EF//AB$

∴ $\angle 1 = \angle 3$，$\angle A = \angle 4$

∴ $\angle BDC = \angle 3 + \angle 5$，$\angle 5 = \angle 4 + \angle 2$

∴ $\angle BDC = \angle 1 + \angle 4 + \angle 2$

即 $\angle D = \angle A + \angle 1 + \angle 2$

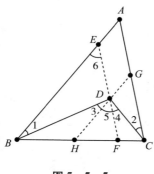

图 5 – 5 – 5   图 5 – 5 – 6

思路五：利用图形的对称与多边形内角和。

如图 5 – 5 – 7，以 BC 为轴将 $\triangle BDC$ 翻折，得到 $\triangle BEC$，

在四边形 $BECD$ 中，

$$\angle DBE + \angle E + \angle DCE + \angle D = 360°$$

在四边形 $ABEC$ 中，

$$\angle DBE + \angle E + \angle DCE + \angle 1 + \angle 2 + \angle A = 360°$$

$$\therefore \angle D = \angle A + \angle 1 + \angle 2$$

思路六：利用图形的平移和平行线的性质。

如图 5 – 5 – 8，将 $\triangle BDC$ 沿着射线 DA 方向平移，使得点 D 与点 A 重合，得到 $\triangle AEF$，由平移的性质可知，$AE /\!/ BD$，$AF /\!/ CD$，$\angle D = \angle EAF$，

$$\therefore \angle 1 = \angle 3，\angle 2 = \angle 4$$

$$\therefore \angle EAF = \angle 3 + \angle 5 + \angle 4 = \angle 1 + \angle 2 + \angle BAC = \angle D$$

即 $\angle D = \angle A + \angle 1 + \angle 2$

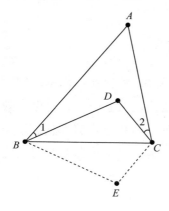

图 5 – 5 – 7   图 5 – 5 – 8

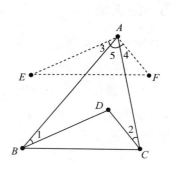

思路七：利用圆的相关性质。

如图 5-5-9，作△ABC 的外接圆，

延长 CD 交圆于点 E，连接 BE，

由圆周角的性质可知，∠A = ∠E，∠2 = ∠3，

由外角定理可知，

$$\angle BDC = \angle E + \angle 1 + \angle 3 = \angle A + \angle 1 + \angle 2$$

即∠D = ∠A + ∠1 + ∠2

这种"一题多解"的思考方法，不仅能帮助学

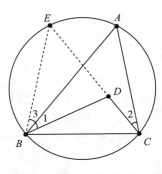

图 5-5-9

生建立多元化的思维模式，激发学生的想象力和逻辑
思维能力，把看似无序的知识联系起来，还能够促进课堂生成热烈讨论的学习
氛围，尽可能让更多的学生参与到课堂中，产生激烈的思想碰撞。

（三）注重知识的迁移，培养数学思维

迁移能力是初中数学深度学习的关键能力之一，要求学生能够将所学内容
迁移到新情境中，能够综合应用所学数学知识去解决新问题。这不仅是学生数
学学习的目的，也是学生终身发展所必需的能力和素养。在数学解题教学中，
一定要注重数学知识的形成过程，在这个过程中培养学生的数学思维，深入理
解新知识的产生和应用，同时让学生能够发现、感受、体验数学的魅力，使学
生可以主动投入数学课程学习中。例如，在对平行四边形的性质的学习过程中，
需要掌握研究图形性质的方法（从哪些角度研究、研究图形的哪些性质等），
并自觉迁移到特殊平行四边形的研究中，体会这些图形之间的一般与特殊关系
等，使学生在辨识、归纳、概括中真正理解概念、原理和方法，把握数学学科
知识的本质。

四、结束语

在新课改的新形势下，全面贯彻深度学习模式，重视初中数学的解题教学
策略，通过内容的有机整合、整体设计，以及恰当的教学方式，可以有效培养
学生自主学习和合作探究的能力，真正提高数学学科核心素养和独立学习、独
立思考的综合素质，使初中生得到全面的发展，为之后更加深入学习高等数学
知识奠定坚实的基础。

基于深度学习的教学设计案例分析

珠海市三灶中学　　杨玮玥

普通高中数学课程标准中提出数学学习的最终目标是让学习者"会用数学眼光观察世界，会用数学思维思考世界，会用数学语言表达世界"。而初中数学深度学习是实现数学课程目标的有效途径。笔者将在本文中以《二元一次方程组的解法（加减消元法2)》教学设计为例，与同行共同探讨如何更好地把深度学习融入课堂教学的各个环节中。

一、深度学习是我国课程教学改革走向更深入理解的刚需

在我国教育改革初期，一直提出"以学生为主体"的课堂教学模式，但是在真正的课堂中，"以学生为主体"往往只是流于表面，浮于形式，很多教师对课堂教育教学的研究还是流于理论层面上的研究，并没有真正落实到课堂实践中来。而现在将深度学习这一理念带进课堂教学，在教师的指导下，学生围绕着一个个具有关联的学习主体，在全身心积极参与、体验成功、获得发展的有意义的学习过程中，把握学科的本质及思想方法。这样，我们可以培育具有独立性、批判性、创造性，基础扎实的优秀的学习者，培育能成为未来社会历史实践的主人的人。

二、深度学习的教学设计案例分析

下面以《二元一次方程组的解法（加减消元法2)》的教学过程为例，谈一谈如何基于深度学习来进行教学设计。

（一）复习导入

选择合适的方法解下列方程组：

$(1)\begin{cases} x+2y=3 & ① \\ 3x-2y=5 & ② \end{cases}$ $\qquad$ $(2)\begin{cases} x+2y=8 & ① \\ 4x-3y=5 & ② \end{cases}$

【设计意图】通过三个不同类型的方程组的复习，使学生加强新旧知识的联系，克服知识零碎、孤立的浅层学习弊端。

（二）原理探究

思考：

1. 观察上述第一题中的方程组，未知数的系数有什么特点？

2. 除了代入消元，你还有别的方法消去 x 吗？

3. 将第二小问中的系数稍微改动下，变成 $\begin{cases} 3x+2y=8 & ① \\ 4x-3y=5 & ② \end{cases}$，你会用何种方法去解方程呢？

【设计意图】通过对原有方程的变形，让学生初步体验加减法消元的本质到变式。

（三）例题讲解

例1 解方程组（1）$\begin{cases} 4(x+2)+5y=1 \\ 2x+3(y+2)=3 \end{cases}$ （2）$\begin{cases} 2x+y=1.5 \\ 0.8x+0.6y=1.3 \end{cases}$

思考：

1. 这两道题跟我们之前解过的方程组形态一样吗？有什么不同？

2. 类比我们学过的一元一次方程，有括号应该先做什么？出现系数是小数的应该先做什么？

归纳总结：

① 有括号的式子要先去括号，有小数系数的应先将小数系数变为整数系数后再进行；

② 若有系数相等或互为相反数的字母，可直接相减或相加消元（复习引入第二小问）；

③ 若有系数成整数 k 倍关系的字母，让系数小的方程"乘 k"转化成类型②；

④ 若不是②③类型，则每个方程都要扩大，使其字母的系数变成它们的最小公倍数，转化成类型②。

【设计意图】通过问题的复杂化，字母系数不再是 1 的时候，对比代入消元法，体验加减消元法在解方程中的便捷。类比旧知识，建立知识的联系是深度学习的要求。

（四）形成性练习

用加减法解方程组：

（1）$\begin{cases} x + 2y = 10 \\ 3x + y = 5 \end{cases}$　　（2）$\begin{cases} 3x + 2y = 12 \\ 4x + 3y = 17 \end{cases}$

【设计意图】 巩固新知，进一步体验用加减消元法来解字母系数不为 1 的方程组的便捷性。

（五）巩固性练习

用加减法解方程组

（1）$\begin{cases} 3u + 2v = 10 \\ \dfrac{u}{2} - \dfrac{v+1}{3} = 1 \end{cases}$　　（2）$\begin{cases} -x + 2y = 10 \\ 3x + y = 17 \end{cases}$

【设计意图】 改变常见的字母 x，y，让学生明白换一个字母，二元一次方程组仍然是二元一次方程组，本质不变。克服刻板思维。

（六）拓展性练习

已知关于 x，y 的方程组 $\begin{cases} ax + 4y = -10 \\ x + 2y = 4 \end{cases}$ 与 $\begin{cases} x - 2y = 2 \\ x + by = 15 \end{cases}$ 的解相同，求 a，b 的值。

【设计意图】 迁移情境与知识点，巩固学生对前面知识，即对二元一次方程组的解的意义的理解，明白这种题最后还是落实在解二元一次方程组上，培养学生解决数学问题的能力。

（七）课堂小结

这节课我们收获了什么？

【设计意图】 由复习旧知引出新课，构建知识的联结，类比解一元一次方程的步骤，这是深度学习的要求。

（八）检测反馈

（1）用加减消元法解方程组

$\begin{cases} 3x + 2y = 10 \\ 2x + 3y = 5 \end{cases}$

（2）已知两个数之和是 25，两个数之差是 2，则这两个数是？

【设计意图】 通过检测，巩固所学知识，检测学习效果，为下一节教学提供帮助。

（九）作业

《零障碍导学案》作业本 B 本：A、B 组题必做，C 组题选做。

【设计意图】分层做作业，体现分层教学，因材施教。

三、教学反思

对比于传统初中数学课堂，深度学习是更为之有效的学习方法，对于培养初中生的数学核心素养、提高学生对于数学的学习能力具有很大的作用。上述案例可以从以下几个方面去思考。

1. 本案例的教学设计以前面学习过的消元法解二元一次方程组作为引入的方式，可以使学生加强新旧知识的联系，克服知识零碎、孤立的浅层学习弊端，这里体现了深度学习，形成知识链与知识网。

2. 本案例的"原理探究"环节采取了设置问题、追问形式，遵循了布鲁姆的教学目标认知规律，由高阶到低阶排列，这是深度学习的思维特征之一。

3. 练习的设计分为形成性练习、巩固性练习、拓展性练习。不同的练习发挥着不同的功能：形成性练习是对知识的理解；巩固性练习设计易错题（负数系数与非常见字母），旨在培养学生的批判性思维，形成良好数学思维品质；综合性练习主要体现能力迁移，在不同情境中解决数学问题。

深度学习是让学生在课堂中主动、积极探索，在经历知识产生的过程中体会其中所蕴含的数学思想方法，形成数学的思维模式，学会利用数学知识去解决实际问题。因此，开展基于深度学习的初中数学教学设计研究，有助于培养学生的数学能力和数学思维。

基于深度学习的学生活动设计的思考

珠海市湾仔中学　吴少丽

深度学习的内涵是指在教师引导下，学生围绕具有挑战性的学习主题，通过一系列的探究活动，获得数学知识，体会数学思想，提升数学思维，从而发展数学核心素养。因此在深度学习过程中，学生活动是最核心的环节。学生活动的设计是否紧紧围绕学习主题，是否能让学生积极主动地参与，是否有助于突破学习内容的重点难点，是否有助于发展学生数学思维、增强解决问题的能力，等等，都密切关系深度学习是否在课堂上发生。所以在教学设计当中，学生活动的设计应该作为重点的内容，如何有效地进行学生活动的设计呢？下面结合自身教学经验和具体实例，笔者简单分享对学生活动设计的一些思考。

一、学生活动设计必须为本节课的学习主题和学习目标服务

在设计学生活动之前，我们必须清楚本节课的核心知识是什么，通过本节课的学习，要实现什么样的目标（包括知识、能力和情感等），如何通过学生的学习活动实现这些目标。明确这些问题之后，我们的设计才能有的放矢。

例如，在《勾股定理》（第一课时）的学习中，学习的主题是勾股定理的内容，重点是探究和验证勾股定理，这也是本节课的难点。通过本节课的学习，学生要掌握勾股定理的内容，学会简单的应用，同时在经历探究和验证勾股定理的过程中感受从一般到抽象和数形结合等思想方法，提升数据分析和逻辑推理能力。结合本节课的主题，为了更好地实现学习目标，本节课设计了层层深入的探究活动，从一张纪念性邮票入手，引发学生思考，自然开启新课的探究活动。在活动中，紧紧围绕邮票的图案分析，形成猜想，通过动手拼图验证猜想，建构勾股定理的基本模型，形成初步的结论，通过严谨的逻辑证明结论，最后总结得到勾股定理。在活动中，学生经历从图形分析到数据分析，从面积

分析到边长分析，从具体数据到一般数据，层层递进，深入探究，学生思维得到发展，探究能力得到提升，深度学习在学生活动中得到充分体现。深度学习强调学生要经历知识的生成过程，强调学生要在活动过程中形成积极的情感体验和对数学价值的正确认识，这些都是学生活动的重要作用，通过这一系列的学习活动，本节课的知识、能力和情感目标得到实现，学生对勾股定理的理解是有血有肉的，而不是冰冷的文字记忆。

二、学生活动设计必须重视学生原有的知识能力等经验基础

学生活动是否有价值，是否能有效帮助学生理解和掌握数学知识的本质，取决于学生在活动过程中的参与程度和收获深度。如何让学生全身心地、积极地参与到活动中，关键看学生活动设计是否符合学生的认知规律，是否让学生有参与的欲望，这要求学生活动设计要建立在学生原有的经验基础上，要满足学生知识能力发展的需求，在与原认知产生冲突，或原认知已不能解决问题的情况下，展开新课的探究活动，更有助于激发学生探究的激情，明确探究的目的和意义，所以学情分析在教学设计中具有非常重要的地位。

例如，《平行线的判定》这一节内容中，学生在小学阶段已经学习了平行线的定义和平行线的简单画法，即利用直尺和三角板，作两条直线垂直于同一条直线。在初中阶段，学生学习了相交线的相关知识和平行公理，这是学生的知识储备。能力方面，七年级的学生具有动手操作、观察、分析和归纳总结的能力，有较强的好奇心，探索能力也在逐步提升，积累了一定的学习方法和学习经验，能较好地参与课堂，有一定的合作意识。在对学情进行分析之后，本节课的学生活动从小学的认知入手，利用一个简短的视频，回顾小学画平行线的过程，从画图过程中，引出一系列的问题，开启本节课的探究活动。通过问题"如果把图中的直角变成任意角，还能得到两直线平行吗？"引发认知冲突，学生开始思考直角以外的其他情况，自然引出对锐角和钝角的研究。紧接着设置两个实验活动，一个是作图，一个是拼图，学生通过动手操作，验证锐角和钝角的情况，实验活动的设计重视学生原有的知识能力，通过建立知识之间的联系，在旧知的基础上，逐步探究，形成新知。最后利用几何画板，再次验证实验活动探究结果的正确性，培养学生严谨的逻辑思维和求真意识。课堂中，学生参与活动的积极性高，能充分地展现自己，具有较强的合作意识，能用三种语言较为准确地总结平行线的三种判定方法，归纳总结能力也进一步提升。

通过实验、猜想、推理和总结等活动，学生对平行线的判定方法有清晰全面的认识，知识与能力在原有基础上不断提升，有助于知识体系的建构。

三、学生活动设计必须以发展学生数学思维为主线

《深度学习：走向核心素养》一书中指出，深度学习过程中，学生开展以从具体到抽象、运算与推理、几何直观、数据分析和问题解决等为重点的思维活动，从中获取数学核心知识，把握数学本质和思想方法，提升思维能力，发展数学核心素养，可见数学思维的培养在数学学习过程中的重要性，它将影响学生今后的学习和研究，包括所有学科、所有领域。因此教学过程中，学生活动的设计必须以发展学生数学思维作为主线，以提升学生解决问题能力为目标，以发展学生数学核心素养为重点。

例如，《三角形角平分线的夹角》一课的学习中，主要的活动是探究三角形角平分线的夹角与三角形第三个角之间的关系。探究过程具有一定的难度，对学生各方面的能力有较高的要求，特别是建模能力、分析能力、数学抽象能力、数据分析能力和归纳总结能力等，因此在设计学生活动之前，必须先全面了解本节课在教材中的地位与作用，它与前后知识之间的联系，从结构与联系的角度进行全面分析之后，设计有助于突破难点、发展学生思维的探究活动。本节课的学生活动主要以第一个模型的研究为主，从建立模型、分析模型的形成过程，到采用分析法寻求解决问题需要的条件，从具体的数据，分析数据解决问题的过程，到对数据的抽象化，归纳总结最终的结论。活动过程中，学生经历思维的螺旋上升，由浅入深，由易到难，体会数学建模、数学抽象和类比分析等解决问题的方法，沿用第一个模型的分析思路，学生自主探究第二、第三个模型，通过这两个模型的研究，可以检验学生对第一个模型的理解和掌握，帮助学生巩固这种分析问题和解决问题的思维方法。

学生活动是教学活动的核心，学生活动的开展有助于深度学习的实现，有助于学生的数学核心素养的发展。在深度学习的理念下，教学活动不再是简单的授予和接受的过程，学生的学习是有生命、有灵魂的，每一次的学习活动都是一次思维提升的过程，也是增强学生学习能力的过程，因此学生活动的设计必须充分体现深度学习的内涵，让学生的学习更加有意义。

基于深度学习的初中数学小单元
教学实践探讨

——以"加权平均数"小单元教学设计为例

珠海市第十三中学　林泽珊

深度学习是基于初中数学核心素养的重要教学理念，而单元设计是实施初中数学深度学习的重要思路。初中数学课程内容可分为"数与代数""图形与几何""统计与概率""综合与实践"四大部分，其中前三部分在内容上联系比较紧密，可以看为三个大单元。我们可以基于对大单元核心内容和本质的分析来确定该大单元下的中单元、小单元内容和教学设计，开展深度学习活动。

一、基于大单元内容本质的小单元教学目标制定

教学目标对教学活动具有导向功能，教学活动追求什么目的，要达到什么结果，都会受到教学目标的指导和制约。因此，教学目标的确定是教学活动的"第一要素"，确定准确、合理的教学目标是教学设计的首要工作。而作为组成单元设计的单位，小单元教学目标应该基于大单元的核心内容和本质来制定。比如，小单元教学"加权平均数"是"统计与概率"这个大单元下的分支，那么就应该在基于"统计与概率"大单元的核心内容与本质来制定教学目标。

《义务教育数学课程标准（2011年版）》中指出："统计与概率主要研究现实生活中的数据和客观世界中的随机现象，它通过对数据收集、整理、描述和分析以及对事件发生可能性的刻画，来帮助人们做出合理的推断和预测。""加权平均数"属于统计部分的内容，而"数据分析观念"是统计内容的重点所在。其要求学生在学习活动中体会数据分析的过程，掌握数据分析的方法。"加权平均数"作为描述数据集中趋势的一个重要统计量，《义务教育数学课程标

准（2011 年版）》中要求学生："在具体情境中理解并会计算加权平均数；根据具体问题，能选择合适的统计量表示数据的集中程度。"因此，我们可以基于本节课在"统计与概率"大单元中的作用和地位，以及培养学生核心素养的需要来确定"加权平均数"小单元教学的三维教学目标。

二、基于深度学习的小单元课堂教学流程设计

一节完整的数学课通常包含"课堂引入""新知学习""例题分析""巩固练习""反馈总结"五大环节。让学生全身心积极参与到课堂中是实施深度学习的基础，那么"课堂引入"环节可谓一块敲门砖。传统教学中常见的课堂引入存在两种弊端。一是教师为了引入新的课题，创造了极具吸引力的情境，但难以整体联系所学知识，没有形成知识链与知识网，不能满足深度学习的要求。二是直接采用复习引入，能达到使学生加强新旧知识联系的目的，但重复性地使用容易形成模式化，难以达到激发学生学习兴趣的目的。因此，在进行小单元课堂教学的课堂引入设计时，我们可以取其精华，使引入兼具趣味性和联系性。比如，"加权平均数"这一概念实际上就是学生小学所学过的"算术平均数"的延伸，因此在学习"加权平均数"时，为了使引入既能联系旧知，又能调动学生的积极性，我们可以在小单元教学"加权平均数"的"课堂引入"环节设计中，创设招聘会现场的问题情境，问题设置中加入对小学学过的"算术平均数"的复习，体现数学从生活中来。在"小活动"环节强化对平均数的计算能力、调动学生积极性的同时，由平均数计算引出新知学习中对"加权平均数"概念的探索，建立知识之间的联系，体现了深度学习的特点。

深度学习不仅是为落实学生核心素养的培养提供了方向，也对教师的数学专业素养提出了更高的要求。它要求教师不仅要能整体把握数学核心内容或知识团、知识链，还应该能站在高阶思维的角度设计符合学生思维发展进阶，使其能够循序渐进体会知识核心内容的教学设计。比如，我们可以将深度学习的练习设计分为形成性练习、巩固性练习、综合性练习，三组练习具有内在的结构性，发挥着不同的功能。形成性练习考查知识"是什么"，培养学生的观察、思辨能力；巩固性练习通过变式让学生进一步加深对知识的理解，培养学生对知识的迁移能力；拓展性练习则更注重考查知识"怎么用"，培养学生的应用能力，增强对数学的情感。

在"加权平均数"这一节课的练习设计中的例题部分，我们可以通过算术

平均数能解决的问题过渡到用加权平均数才能解决的问题，体现学习加权平均数的必要性，调动学生学习积极性。通过课堂追问来引发学生对"权"的作用的理解，以及"权"的形式的迁移。形成性练习中，我们可以在同样的问题情境中，改变题设，让学生用同样的方法计算加权平均数，解决问题，体会加权平均数的应用过程。巩固性练习中，我们进一步改变问题情境，将"权"的形式从频数和比例变成百分比，计算方法不变，让学生实现知识的迁移。同时，通过追问为什么一样的分值得出不同的平均数，促进学生进一步思考"权"对数据的影响。综合性练习中，可以通过一道开放性的题目让学生展开讨论，各抒己见，实现加权平均数在不同情境下的迁移运用。

三、促进深度学习的教学措施

为实现深度学习，教师可以通过采取有效的课堂或课后教学措施，引导学生通过自主学习、合作学习、探究学习获得发展。课堂上，可以通过展开丰富多彩的初中数学教学活动，让学生变被动学习为主动学习；课后还可通过建立多元化的评价方式为深度学习提供保障。

（一）课堂追问促进深度思考

追问是数学课堂上最常见的教学方式，课堂追问是提问的继续，是更深度的提问。为了深入探究问题，教师可以从解题脉络、疑难问题、计算结果三个方面对学生进行追问，促进学生的深度思考。比如在"加权平均数"一课的例题讲解和练习设计中，都采取了设置问题，针对解题脉络或计算结果对学生进行追问，引发学生深度思考"权"的意义，也使得解题思路由易到难，遵循学生的认知规律，体现了深度学习的思维特征。

（二）小组合作提供交流平台

传统以教师讲授为主的课堂中，教师发挥了主导性的作用，课堂中充分体现了师生交流，但这样的课堂中，学生大多是被老师"牵着走"，缺乏主动探究学习的热情。因此，在深度学习理念下的教学，要求我们转变数学教学方式，在课堂上充分发挥出学生的主体性作用。除了师生交流外，教师还要搭建起生生交流的平台，让学生在合作中交流与碰撞，采用"任务促学—合作互学—答疑导学—总结思学"的任务型教学模式促进深度学习。就如上述"加权平均数"的综合性练习设计中，教师通过布置一道开放性的题目让学生展开讨论，各抒己见，从而让学生体会加权平均数在不同情境下的迁移运用。

（三）现代信息技术助思考

科学技术的发展为现代教学带来了许多便利，也使得教学形式更加多样。因此，教师要有意识地利用好现代信息技术工具创设情境，让学生直观而有意义地理解数学知识、发现数学问题。比如，在"加权平均数"这节课中，在教授了加权平均数的基本定义之后，教师可以做如下设计让学生具体形象地理解"权"对一组数据的影响：

权的意义：权代表了数据的重要程度。

举例　当对数据 1 和 2 赋予不同的权数时，所得数据的平均数不同。

$$\bar{x} = \frac{1 \times 5 + 2 \times 5}{5 + 5} = 1.5 ; \quad \bar{x} = \frac{1 \times 5 + 2 \times 10}{5 + 10} = \frac{5}{3}$$

Excel 演示理解：对于一组数据 3，5，6，老师通过 Excel 对三个数赋予不同的权重，请你观察加权平均数的变化，并谈谈你的体会。

（四）多元评价做保障

对学生的学习结果评价不能仅仅局限于作业、考试等书面形式，口头形式的呈现更能真实地反映学生的学习效果。比如在课堂上，教师可以通过对学生的提问及时了解学生对知识的理解程度，还可以组织组内讨论、组内互教等活动，让学生开口学数学。课后，除了通过书面形式了解学生的学习情况，教师还可以对学生进行面批，让学生说出自己的疑惑，讲出解题思路。通过这样一个师生双向沟通交流的过程，一方面可以更好地掌握学生的个体差异，让学生进一步发展，另一方面也可以让教师了解自身教学上的优缺点。

构建完整知识结构，有效促进深度学习

珠海市斗门区白藤湖初级中学　周芷冰

《义务教育数学课程标准（2011 年版）》中提到：作为促进学生全面发展教育的重要组成部分，数学教育既要使学生掌握现代生活和学习中所需要的数学知识与技能，更要发挥数学在培养人的思维能力方面的重要作用，思维是一种揭示事物本质和规律的高级认知活动。如何探查及感知事物的内在并总结出一定的规律性呢？良好的思维逻辑是必不可少的。反思我们的日常教学中，有时候教师的教学还是停留在表面上，仅仅是让学生了解了本节课学习的知识，学习到一些做题的技巧，而忽略了学生思维的发展和能力的提高。初中数学深度学习的目标是引导学生构建出完整的知识结构，并不断优化，达到提升学生核心素养的目的。笔者将自身的教学经验以及有关思考融入本文，愿与同行一起探讨如何为学生创设条件和机会，引导学生构建完整知识结构，有效促进深度学习在日常教学中的开展。

一、深度学习是我国课程教学改革走向更深入的必需

早在改革开放之初就树立了"学生是教育主体"的观念，但是在课堂教学中，学生并未真正成为学习的主体，很多时候教师对课堂教学的研究还只是停留在文本上，还没有落实到实际教学中。每一节数学课堂上的知识点，本应是环环相扣、紧密联系的，但有些教师忽视了数学课堂上对学生思想的提升，导致学生无法把知识点串联起来，零散的知识点就像是洒落满地的珠子，不利于学生产生对数学知识的整体认知，使得学生无法构建起完整的知识结构。而深度学习的目的是不仅培养具有高级认知和高阶思维的学生，还指向立德树人，发展学生的核心素质，培养全面发展的人。当我们能把深度学习融入日常的课堂教学中时，我们就能激发学生的思维，从各个方面提升学生的观察能力、剖析推断能力、归纳能力、简略的逻辑思维能力等。从深层次上来说，数学教学

之所以延绵至今仍具有重要地位不是因为它教会学生复杂的数学知识，而是因为它潜移默化地培养着学生的思维能力，顺应每个时代的社会潮流，给新时代中国输送源源不断的人才。

二、了解教材编写思路，正确把握知识整体结构

每个学段的教材都由"数与代数""图形与几何""统计与概率"以及"综合与实践"这四个大模块组成，初中数学一共 6 册书，每册书由 4～6 章的知识点组成，在每册书中，主要内容由"数与代数"和"图形与几何"这两个大模块组成，"统计与概率"相关知识点相对较少，"综合与实践"这一模块则为穿插在部分章节中的"数学活动"内容。在每册教材中，各模块相关的知识点有序并进，呈螺旋式上升，内容相互穿插，在把握每一部分知识点发展的主线上，也体现了知识点之间的联系和迁移，能够做到为学生打好坚实的数学基础的同时，也能促进学生整体发展。

三、实际教学中如何落实"构建完整知识结构，促进深度学习"

（一）把握时机，上好开学第一节数学课

相信不少教师开学的第一节数学课都会做一件事，那就是让学生看书本的目录，了解本学期将要学习什么知识，如果能好好把握开学第一节数学课，把相关知识拓展联系起来，就能更有效地帮助学生构建完整的知识结构。我们的数学教材是由"数与代数""图形与几何""统计与概率""综合与实践"四大模块组成，教师可以根据这四个大模块的具体内容，让学生对书本的每一章知识进行分类，根据每一个大模块的主要内容，可以让学生了解到在每一章的学习中我们将会接触到什么类型的问题，除此之外，还可以联系已学知识，把本册书将要学习的知识和已学知识联系起来，促进学生构建知识结构。

例如，七年级下册共六章的内容，第五章相交线与平行线属于"图形与几何"的内容，第五章是七年级上册第四章几何图形初步的延伸，也为今后学习的三角形、全等三角形、平行四边形等做好铺垫。第六章实数属于"数与代数"的内容，在学习了有理数之后对数的范围再一次进行补充，为今后学习的二次根式做铺垫。第七章平面直角坐标系相关知识点在小学有一定的接触，而本章的学习更是为"函数"相关知识打好基础。第八章二元一次方程组与第九章不等式与不等式组同样属于"数与代数"的内容，与七年级学习的一元一次

方程有紧密联系，在本章的学习中要注意培养学生对解方程相关知识的迁移与运用。第十章数据的收集、整理与描述属于"统计与概率"的内容，在本章中，学生将会新接触一个新的统计图——直方图，本章所学知识在实际生活中有广泛运用。在开始每一册书的学习之前，不妨花多点时间和学生一起了解本册书中每一章的内容会涉及什么类型的知识点，和以往学习过的知识有哪些联系，今后还会深入学习哪方面的相关知识。带着学生一起梳理一遍每一章的内容，能够更有效地帮助学生构建完整的知识结构，促进学生深度学习。

（二）日常教学中注意新旧知识的相辅相成

在日常教学中，教师应注意引导学生明确所学知识的轮廓与架构，注意新旧知识的联系，让学生明白本节课所学的知识与之前哪些知识相关，本节课将要接触到什么类型的数学知识，我们会用到之前学习过的哪些方法。比如，在学习"一元二次方程"这一章时，教师可适当引导学生回顾一元一次方程和二元一次方程组的相关知识，如相关的概念、解方程的步骤和解决问题的方法等，这样有利于学生整体把握一元二次方程的相关知识，促进学生把新旧知识联结起来，自主构建知识结构，体现了数学知识的整体性，这样才能将数学学习引向深处。

再比如，一元一次不等式组这一课的教学目标设定根据课标要求中"会解由两个一元一次不等式组成的不等式组，并会用数轴确定解集"，主动地把关键动词"会解"解释为：①知道、辨别出一元一次不等式组；②熟悉解题的步骤。将关键动词里"确定"分解为：①用语言、图形表达解集的含义；②归纳解集的类型。在学会解一元一次不等式的基础上，通过自行对比加上教师的适时引导，成功得出一元一次不等式组的答案。学生借由解决一元一次不等式组，能够较灵活联系生活实际进行数学计算和归纳推理。在相关数学问题的分析时，能够进行有效审题，分析并观察到不等式组所表示的实际含义，主动想到正确解集，归纳不等式组的解集类型，激发学生的数学逻辑思维，能够有条理地进行数学表达。并且学生在问题解决过程中，能够在建模和数形结合的数学思想的引领下进行思考和归纳；在定理的拓展应用中，能够综合应用相关知识，联系生活实际，尝试应用数形结合、模型思想、分类讨论的方法探究问题的解决过程，体验成功解决问题的感受。在课堂上，教师应有意识地引导学生不断地回顾已学知识，让学生能把已学过的思想方法迁移到新知识中去应用，促进学生结合新旧知识构建完整知识结构。

（三）开展丰富的课堂活动，促进学生综合发展

在初中数学的教材中，每一章结束后都会有"数学活动"的板块，很多老师对于这一板块都会选择忽略不讲，但只要我们稍加注意就会发现，"数学活动"这一板块蕴含着丰富的数学知识，对于学生构建知识结构，促进深度学习有很大的帮助。比如，八年级下册第十八章平行四边形的"数学活动1"：折纸做 $60°$，$30°$，$15°$ 的角。教材中描述了如何用一张矩形纸片折出 $30°$ 的角，这是一个需要学生动手去操作，并且动脑去思考、证明的活动，这个活动中蕴含了"平行线的性质""三角形""轴对称""四边形"等相关知识。如果能在数学课堂上开展这类"数学活动"课，既能让学生把新旧知识联结起来思考问题、构建知识结构，还能让学生体会到数学的应用性和趣味性，提高学生学习数学的兴趣，促进学生深度学习，发展学生的综合素质。

综上所述，深度学习强调能够整体呈现初中数学内容的结构，让学生通过学习，自主对所学知识进行整合，构建完整的知识结构。教师在日常教学中可以从每一册、每一章、每一节出发，创设条件让学生构建出自己的知识结构，并不断优化，促进学生深度学习。深度学习是触及学生心灵的学习，课堂上要提高学生的学习兴趣，让学生自主去探究、发现，学生才能真正成为学习的主体，主动、积极地开展学习。因此，要把深度学习融入我们的日常教学中，帮助学生真正成为学习的主体，有助于培养更全面发展的人。

基于深度学习的初中数学课堂
教学方法初探

—— 以城东中学九年级为例

珠海市城东中学　刘　丽

一、深度学习相关理论

深度学习是全新教育理念与学习方式变革的标志，北京师范大学何克抗教授指出它三个方面的基本特征：动态的知识建构有助于催生高阶思维与深层认知能力；采用多种教与学的方式及策略；通过自身认知来发展学生的问题解决能力与创新能力。华东师范大学开放教育学院彭红超博士也提到深度学习的四个特征：（1）深度参与学习；（2）采用高级学习方略；（3）注重高阶知能的发展；（4）基于理解为迁移而学。在深度学习中，学习任务的有效性和趣味性是教师提供可选择的内容时须重点关注的两个属性。前者保证课堂的效率，后者助力于学生的深度参与。国内外方面，对深度学习的研究态势呈现出各自特色：国外偏向深度参与学习以及高阶学习策略研究，国内注重学生高阶知能的发展与迁移应用。深度学习的四大特征分别是深度参与学习、高级学习策略、高阶知能的发展、基于理解为迁移而学。华东师范大学孙妍妍博士在《以深度学习培养 21 世纪技能——美国〈为了生活和工作的学习：在 21 世纪发展可迁移的知识与技能〉》的报告中总结了深度学习的本质，即深度学习形成的知识与能力迁移的有限制性；深度学习形成某一领域有序组织的知识的可迁移性；深度学习需要广泛的实践，并用及时的解释性反馈进行辅助；深度学习的过程要区分机械学习与有意义学习。国内外对于深度学习的定义不一，有的侧重高阶知能、高阶思维的培养和提高，有的侧重学生迁移能力、问题解决能力的培养和发展。不管是哪一种，这些都是深度学习的范畴。

二、初中数学课堂教学方法现状分析

既然深度学习目标要求师生共同改进教与学的方法，那么，对现有教师的教学方法及学生的学习方法的现状进行了解就必不可少。本研究主要通过对城东中学初中三年级两个班94名学生（男生46人，女生48人）的问卷调查了解目前教师的教学方法及学生喜欢的方法。两个班分别属于学校较好和较差的班级。现状调查情况如下：

（1）关于对数学及数学教师的态度这个问题，94个同学选A的55个，选B的1个，选C的19个，选D的19个，选E的0个，如图5-10-1所示。其中A代表都喜欢，并且觉得数学好玩；B代表喜欢数学，不喜欢数学教师；C代表喜欢数学教师，不喜欢数学；D代表无所谓，反正都听得懂或者听不懂；E代表都不喜欢。从这个问题的调查当中，我们可以看到大部分学生对数学教师和数学是感兴趣的，另外喜欢数学、不喜欢数学教师和喜欢数学教师、不喜欢数学的同学比例相当，这个比例很明显对我们如何引起学生的数学学习兴趣以及如何提高数学教师的课堂吸引力提出了更高的要求。

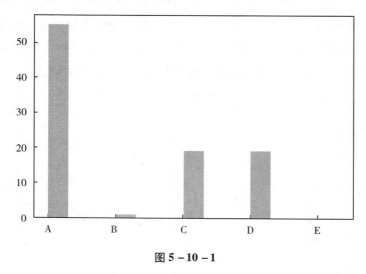

图 5-10-1

（2）针对接触最多的教学模式这个问题，调查结果显示选A（包括部分同学多选选到A的）68个，选B（包括部分同学多选选到B的）的17个，选C的（包括部分同学多选选到C的）18个，选D的4个，弃选的1个，如图5-10-2

所示。A、B、C、D 分别代表教师讲授式、教师启发式、师生讨论式、自学辅导式、其他（E 表示弃选）。显然，讲授式在数学课堂教学里占据主要部分，课堂教学呈现单一形式，启发式、师生讨论式、自学辅导式等多样化的教学方式缺乏。

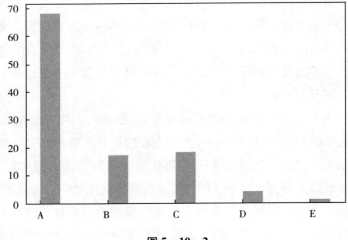

图 5 - 10 - 2

（3）关于问题数学课堂教学过程中，你认为教师使用到最多的方法调查中，选 A（粉笔加板书）的 30 个，选 B（PPT 课件教学）的 6 个，选 C（粉笔加 PPT 课件结合）的 60 个，选 D（探究讨论式教学）的（包括部分同学多选选到 D 的）10 个，选 E（其他）的 3 个（图 5 - 10 - 3）。这个问题的调查结果显示，该学校信息技术手段的使用与传统粉笔加板书融合较好，做到了与时俱进。

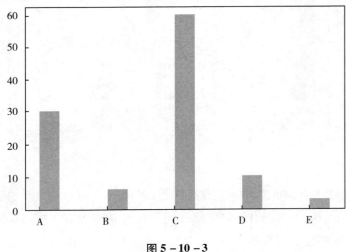

图 5 - 10 - 3

（4）针对学生感兴趣的数学课堂模式调查显示，近一半的学生支持探究讨论式教学，1/3 的学生支持教师多讲，学生少讲，另外 7 名学生认为"请小老师上台"方法很好。这个数据显示该学校的学生想要新的方法来提高他们数学学习的兴趣（如探究讨论式教学），像让同学上台当他们的"小老师"这样的方法新颖，对他们有吸引力。当然，在教师讲授式的熏陶下，不排除部分学生还是希望教师当他们课堂学习的指导者。

三、结论及建议

从以上的问卷调查结果中，我们可以看到结论有数学课堂吸引力不够、课堂教学以教师讲授式为主，教学模式单一，学生期待更多的教学方法、教学模式出现，如探究讨论式、自学辅导式、请同学当小老师角色互换式等。

深度学习既对学生的学习提出了要求，也对教师教学的方法提出了更高的要求。要求教师不断变革新的教学方法、教学模式，可以利用信息技术手段和传统教学方式相结合，不断提升课堂感染力，让学生产生数学学习的兴趣。课堂的趣味性和有效性是达到深度学习的前提。根据以上学校调查的问题及结果，也为了更好地实现深度学习的目标，笔者提出以下几点建议：

（1）努力提高数学课堂的趣味性

兴趣是最好的老师，一个人对所学知识只要有了兴趣，便很有可能学好。要提高课堂趣味性可以从几方面入手：第一，改进教学内容和形式。在课堂的初始阶段，教师可以适当进行趣味性导入，城东中学 2020 年实行了课堂导入改革，大大提高了师生之间的积极性。第二，课堂上穿插趣味性的活动。目前流行的利用希沃白板等软件进行习题抢答练习，不但提高了课堂的活跃度，同时也将练习这一数学课堂上必不可少的环节巧妙地融入进去，学生在学习的过程中既收获了游戏的快乐，也极大地巩固了所学知识。

（2）从数学课堂教学方法和模式多样性入手，让学生成为课堂的主人

数学课程标准 2011 年版课程基本理念明确提出，学生的学习应该是一个生动活泼、主动的和富有个性的过程。课堂教学方法和教学模式可以根据不同课型灵活选择。新授课可以采用探究讨论式、翻转课堂、自学辅导式等；习题课可以采用小老师讲解、洋葱数学讲解等。总而言之，作为教师，应该努力让学生成为课堂学习的主人。

初三压轴题深度探究解答策略分析一二

珠海市第九中学　邓勇刚

初中数学整体不难，但是难在中考压轴（模拟）题，基础知识基本都懂，就是无法灵活运用，解题通法一点就明，可是解题"灵感"就是不尽如人意，怎么也想不到！探寻其原因主要在于知识的广泛联系不够紧密，思考方法不够灵活和深入，学生无法将已有的知识迁移到新的情境中去解决新问题、提高认知、积累有意义的学习经验的深度学习，进而没有深度探究压轴题的方法策略。

一、深度探究做保障，深度分析压轴题

笔者的学校初三年级曾经进行一次年级考试，笔者负责阅卷批改题目例1，该题属于压轴题。几乎80%的学生基本能完成此题的前两问，第三问只有10%的学生答对，究其原因何在？

例1　如图5-11-1，⊙O 是△ABC 的外接圆，AC是直径，过点 O 作 OD⊥AB 于点 D，延长 DO 交⊙O 于点 P，过点 P 作 PE⊥AC 于点 E，作射线 DE 交 BC 的延长线于 F 点，连接 PF.

（1）若 ∠POC = 60°，AC = 12，求劣弧 PC 的长（结果保留 π）；

（2）求证：OD = OE；

（3）求证：PF 是⊙O 的切线.

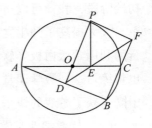

图5-11-1

分析：学生在平常学习中，对于切线的证明几乎是遵循两种思路，一是连半径证垂直，一是作垂直证半径。本题也不例外。很多学生却无从下手，或者

中途遇到解题瓶颈，不会深度探究，断然错用条件，究其原因何在？

先从学生的解答看：

错解一： $OD \perp AB$，$BF \perp AB$，$PD // BF$，直接得到 $DP \perp PF$，错误原因是错用平行线的性质，基础知识不牢固，学生知识的迁移能力也较弱。

错解二： $OD \perp AB$，$BF \perp AB$，$DB = PF$，$DF = DF$，进而 $\triangle PDF \cong \triangle BFD$，得到 $DP = BF$，再证明四边形 $PDBF$ 是平行四边形，得出 $DP \perp PF$；或者直接得到 $DP \perp PF$，错误原因是有一定的方向，但是无法将需要的条件充分挖掘出来，直觉思维下的误用，逻辑思维能力混乱。

错解三： 连接 PC，很多学生想实现 $\triangle PEC \cong \triangle PFC$ 得到 $\angle PFC = 90°$，但是出现了 $PE = PF$，$CE = CF$，$PC = PC$。估计都是想当然的"凑答案"，学生数学阅读能力较差，无法提炼本题所需要的条件，更没有深度分析题设中的条件，对于前一问的条件没有充分体现。

综上，从学生的角度看，主要是基础知识不牢固，基本技能不熟练，知识的迁移能力和数学逻辑思维能力不能有机整合，他们的审题阅读能力也需要进一步提高，本题中数学核心素养包括逻辑推理、直观想象等方面的落实主要体现在平时的学习细节中，不是让学生在题海中毫无头绪地"挣扎"，而是在压轴题训练中精准分析、精准演绎、精准作答中展现出来。

一线教师应当站在深度探究的角度去引导学生进行有意义的分析压轴问题，对于题设中的条件进行执果索因式的探究，在日常的教学中采取"故意设置"法，故意把条件隐藏或者设置条件的难度，或者也可以用有梯度的问题，进行循序渐进的"螺旋式的"训练，或者引导学生自我探究，抓住问题的本质，逐渐熟练掌握解决压轴题的策略，积极培育学生的深度探究意识，使之真正内化于学生心，外化于学生行！

二、深度探究来引领，深度思考压轴题

例2 本压轴题的第（1）（2）问属于简单基础题型，主要是难在第（3）问，难在如何找到具体的解题方法思路。

分析：（1）略。

（2）略。

（3）从学生思考的角度看，根据解题经验和相关图形的直观感知，本问题基本有两个角度去思考。一是三边长，利用勾股定理逆定理的方法来确定三角

形是直角三角形，学生努力尝试发现某某边无法用含 Q 点坐标的参数表示，或者表示出来的代数式构造勾股定理的方程，已经超出学生平时学习的方程，几乎不可能求出来！二是退而求其次利用其他的方法，通过深度探究尝试，确定利用相似的方法来求 Q 点坐标，主要是过点 D（过程）。

由此可知，积极引导学生的深度探究是关键。作为一线教师应当引导学生自主思考、深度思考压轴题的所有条件，充分利用题设中的显性和隐含条件，探究多种思路方向，深度思考，应当尽快精准选择最佳的压轴题解题思路（中考考试时间的限制），达到事半功倍的效果。比如本例中找准相似的方向来求，但是如何找到相似的三角形以及相似三角形的分类讨论都是难点，这里的相似三角形不是特别直观呈现，需要选择精准角度间接地作辅助线去找寻相似三角形，这必然需要学生进行深度思考，积极推理，使得每一步都有逻辑依据，进而顺利地完成解答的全过程！

综上所述，对于初三压轴题的解答，以深度探究为抓手，深度分析，深度思考，这必然需要培育这方面的意识。这个过程绝非一朝一夕完成，需要师生通力合作，进行长期有针对性的培育，强化参与，也绝非是纯粹的"题海战术"，需要教师选好压轴题（灵活、典型、有代表性的题型），选择对象（学生基础不一，须因材施教），只有做好前期工作，我们才能培育学生逐步具备深度探究的意识，具备深度分析、深度思考的能力。从某种意义上讲，解决初三压轴题策略就是深度探究、深度分析、深度思考。